CÓMO
SUPERAR
EL SENTIRTE
ABRUMADO

JENTEZEN FRANKLIN

CÓMO

SUPERAR

EL SENTIRTE

ABRUMADO

5 PASOS PARA SOBREVIVIR AL CAOS DE LA VIDA

WHITAKER
HOUSE
Español

Traducción al español por:
Belmonte Traductores
Manuel de Falla, 2
28300 Aranjuez
Madrid, ESPAÑA
www.belmontetraductores.com

Editado por: Ofelia Pérez

CÓMO SUPERAR EL SENTIRTE ABRUMADO
5 PASOS PARA SOBREVIVIR AL CAOS DE LA VIDA

ISBN: 978-1-64123-928-8 • eBook ISBN: 978-1-64123-929-5
Impreso en los Estados Unidos de América
© 2022 por Jentezen Franklin

Whitaker House • 1030 Hunt Valley Circle • New Kensington, PA 15068
www.whitakerhouse.com

Por favor, envíe sugerencias sobre este libro a: comentarios@whitakerhouse.com.

1 2 3 4 5 6 7 8 9 10 11 ⨄ 29 28 27 26 25 24 23 22

A TODOS LOS VOLUNTARIOS QUE SIRVEN

EN TODOS NUESTROS MINISTERIOS

Y CAMPAÑAS DE ALCANCE EN FREE CHAPEL

ÍNDICE

PARTE III: LEVÁNTATE, SAL, LIBÉRATE

RECONOCIMIENTOS

Quiero dar las gracias de manera especial a mis amigos Perry Stone Jr., Dr. Rich Rogers, Tracy Page, Jason Vernon, Laverne Bennett y Esther Fedorkevich por ayudarme a hacer posible este libro. Su ánimo y contribución han sido una cuerda salvavidas para esta obra. Los amo y aprecio mucho a todos.

Gracias a A. J. Gregory. Siempre es una alegría trabajar contigo. ¡Eres el mejor!

INTRODUCCIÓN

¿Has tenido ganas de rendirte últimamente? Yo sí. Nuestras dificultades quizá sean distintas, pero estoy seguro de que has pasado por una época de prueba en tu vida, al igual que yo. O quizá estás ahora mismo en medio de una de ellas. Tal vez, por tu mente pasan constantemente pensamientos como estos: ¿Cómo he llegado a esto? ¿Cómo le puede estar pasando esto a nuestra familia? Tu vida y la mía son distintas, pero una cosa que todos tenemos en común son los abrumadores sentimientos que se producen por cosas como el desamor, la traición, la adicción, la enfermedad mental, la división, las mentiras, el engaño, las lágrimas, la tristeza, el desánimo, el temor, las batallas legales, la vergüenza, la culpa, la depresión, y la guerra espiritual que hasta ahora ni siquiera sabíamos que existía.

¿Estás seguro de que quieres seguir leyendo este libro? No pretendo provocarte, pero es justo que te advierta que este libro no es un cuento de hadas. Es un libro sobre la vida real, matrimonios reales, familias reales, y un Salvador real que nos ama más de lo que podríamos entender y que sigue escribiendo el guion de nuestra vida en cada página de dolor y confusión.

Queda la sensación de que nuestros tiempos cambiantes y desafiantes han dejado a muchas personas con un nido estropeado. Ese hogar, que antes era un lugar hermoso y agradable donde resguardarnos y descansar, ha sido desmantelado pieza por pieza. Dios permitirá en ocasiones que nuestro nido se estropee para enseñarnos a volar. Lo que parece cruel, también puede ser beneficioso.

Muchos cristianos han plegado sus alas y han desarrollado el síndrome de la anidación: la tendencia hacia la inmovilidad. El nido se ha convertido en su seguridad; pero llega el momento en el que mamá águila comienza a estropear el nido para que los aguiluchos puedan alcanzar su potencial (ver Deuteronomio 32:11-12). Lo que no podría hacer la seguridad de un nido, lo hace el hecho de que el nido sea agitado. Tú estás engendrando promesas, pero para poder alzar el vuelo con alas como las águilas tienes que salir del nido y lanzarte al vacío.

¿Está Dios estropeando tu nido? Tú no naciste para vivir y morir en tu nido. Tu destino es más alto, porque tienes un llamado celestial.

Muchas iglesias se han convertido en iglesias nido, donde lo que más se valora es la comodidad; pero recuerda esto: es mejor fallar intentando volar que quedarse sentado en el nido y morir. En Job 29:18 vemos a Job clamando. Dice (parafraseando): "Me gustaría que regresaran los viejos tiempos. Me gustaría volver a como eran antes las cosas, cuando todo era agradable y cómodo. Porque dije: *moriré en mi nido*. Pero Dios dijo: *No, yo no te bendije para morir en el nido. Te voy a llevar a una altura a la que no todas las aves pueden volar".*

Me identifico con el clamor de Job. Quizá tú también te identificas. ¿Te has preguntado alguna vez cómo algo tan bueno como una relación estupenda con alguien, una vocación significativa, un llamado espiritual, o un sueño diseñado por Dios puede terminar tan mal? La respuesta es siempre el pecado. Se infiltra a través de la transigencia, la desobediencia, la rebeldía, la mundanalidad. Satanás viene para robar, matar y destruir, y estamos aprendiendo ahora más que nunca a no soltar los pedazos rotos hasta que Dios le dé algo de sentido a todo eso. La batalla espiritual que se está librando es real. Los ataques que tú y yo hemos sufrido, y que probablemente aún estamos sufriendo, son parte de un ataque mucho mayor.

Estamos ante la batalla final por las mentes y los corazones de nuestras familias. La batalla por la mente es feroz. Satanás, el príncipe de la potestad del aire, está llevando a cabo una guerra sin cuartel para intentar tomar por la fuerza a esta generación. Está plantando sus pensamientos de rebeldía, lujuria, violencia, borrachera, depresión, suicidio, adicción y caos en las mentes de millones de personas. Va en busca de nuestras mentes.

Con el avance de la tecnología, Satanás ha decretado nuevas órdenes para corromper las mentes de esta generación a través del Internet, las películas, la música, y otras cosas. Está servida una dieta constante de sensualidad. Nos asaltan diariamente una descarga de malos pensamientos. Se está librando una guerra mortal entre el bien y el mal. El campo de batalla no está solo en los cielos; también se está librando entre nuestros oídos. Estos son los tiempos cuando los cristianos están siendo acosados desde todos los ángulos posibles.

Por fortuna, Dios nos ha dejado su guía de supervivencia para los últimos días. Se nos advirtió en 2 Timoteo 3:1 que *en los últimos días vendrán tiempos peligrosos*. La palabra griega *chalepos*, traducida aquí como "tiempos peligrosos", se usa dos veces en el Nuevo Testamento, una en este versículo y otra en Mateo 8:28, donde describe a dos endemoniados que eran "feroces en gran manera". Es la misma palabra en ambos versículos.[1]

Estamos en tiempos peligrosos y feroces. Nuestro mundo está enfrentando una crisis moral, espiritual, social, económica e internacional. Es como si el mundo se hubiera vuelto loco y las naciones se estuvieran derrumbando. Parafraseando la descripción que hace Pablo de los últimos días en 2 Timoteo 3:2-5: "Las personas vivirán solo para sí mismas. Alardearán, serán arrogantes, orgullosas y altaneras, y los hijos serán desobedientes a los padres. Serán personas *sin* santidad, *sin* agradecimiento, *sin* amor y *sin* perdón". Esta es la generación de los *Sin*.

No permitas que esto te desanime. Las cosas que parecen estar fuera de control siguen estando bajo el control de Dios.

Dios tiene un control absoluto, al margen de lo que esté sucediendo en tu vida y en nuestro mundo. No te has zafado de su cuidado. Como el mundo no mejora, sino que cada día empeora más, tú y yo debemos fijar nuestra atención en la Palabra de Dios.

Dios quiere que estés saturado de su Palabra y motivado por el Espíritu Santo para estar listo para la batalla. Él quiere que no te conformes con sobrevivir a estos tiempos difíciles, sino que progreses en estos últimos días. Por lo tanto, ¿cómo nos las arreglamos para vencer cuando nos sentimos abrumados, exhaustos, con pocos recursos y sin opciones?

Si estás experimentando dificultades, piensa que quizá el Señor mismo te está haciendo entrar en la disciplina de la molestia divina. A todos nos gusta que las cosas sean fáciles, no queremos dificultades. Nos gusta el nido, ¿no es así? Pero Dios tiene un propósito al molestarnos en nuestra comodidad y seguridad. Él quiere que descubramos nuestras alas de fe. Quiere que experimentemos el gozo de volar. Dios a menudo humilla a quienes quiere exaltar. Cuando Dios te va a usar grandemente, habrá etapas en las que permitirá que experimentes un profundo dolor.

Tu humillación es el plan de Dios para que avances.

El emperador romano Diocleciano ejecutó a miles de cristianos, y se aseguró de que murieran sufriendo un dolor insoportable. También prohibió la Biblia al confiscar y quemar todas las que pudo. De las cenizas de miles de Biblias erigió un monumento que decía en latín: *Extincto nomine Christianorum*, que traducido significa "El nombre de los cristianos ha sido extinguido". Veinticinco años después, el emperador Constantino declaró que la Biblia es la Palabra de Dios. Declaró que era infalible y que gobernaría todo su reino con ella. La Biblia es la Palabra de Dios incorruptible. No importa cómo parezcan las cosas, la Palabra de Dios prevalecerá.

> *DIOS TIENE UN PROPÓSITO AL MOLESTARNOS EN NUESTRA COMODIDAD Y SEGURIDAD. ÉL QUIERE QUE DESCUBRAMOS NUESTRAS ALAS DE FE. QUIERE QUE EXPERIMENTEMOS EL GOZO DE VOLAR.*

Antes del COVID-19, muchos estábamos cómodamente bendecidos, pero Dios permitió que nuestros nidos se estropearan. Job estaba familiarizado con ese tipo de situación. Tenía una hermosa familia, un negocio exitoso, buena salud y un matrimonio bendecido. Entonces lo perdió todo. Satanás fue quien estropeó su nido, pero con el permiso de Dios. Mediante esa agitación, Job tuvo que dar respuesta a tres preguntas, preguntas que nosotros también debemos enfrentar tarde o temprano:

1. ¿Se puede confiar en Dios cuando estamos sumergidos en el sufrimiento? Job perdió su familia, su economía, su salud física, incluso su reputación; pero, en medio de la pérdida inimaginable, aprendió a alabar a Dios como nunca antes. Fe no significa escapar del sufrimiento. Fe es soportar el sufrimiento con alabanza. Job decidió en su mente que podía confiar en Dios aun cuando estaba sumergido en sufrimiento.

2. ¿Se puede confiar en Dios cuando las personas que amas se olvidan de ti? Job escribió: *"Mis parientes se detienen; mis conocidos me olvidan"* (Job 19:14). ¿Alguna vez te ha herido profundamente algún amigo cercano o un familiar al decir cosas crueles de ti? ¿Te ha abandonado tu esposo o tu esposa? ¿Se han desconectado de ti tus propios hijos? ¿Alguien en quien confiabas te dio la espalda? Como Job, tienes que ver que hay Uno que nunca te dejará ni te abandonará. Especialmente cuando estés pasando tus días más oscuros.

3. ¿Se puede confiar en Dios cuando estás atravesando las tinieblas más oscuras? Job estaba en la oscuridad absoluta. ¿Estás tú ahí en este momento? Él no tenía ni idea de lo que Dios estaba haciendo. Job pensó que Dios le debía algunas respuestas, pero Dios nunca respondió a sus preguntas, sino que dejó que Job siguiera caminando en la oscuridad. ¿Puedes confiar en Dios cuando no te da ni explicaciones ni nada de luz? Finalmente, Dios le recordó a Job su soberanía, su suficiencia y su compasión, y Job respondió con alabanza. Dios le restauró a Job el doble; y, si tienes la fe de Job, Dios hará lo mismo contigo.

En medio de su problema, congoja, miseria, dolor y dificultades, Job respondió: *"Aunque él me mate, en él esperaré"* (Job 13:15).

Si confías en Dios como lo hizo Job, Dios te demostrará que es fiel, porque todo el cielo contiene la respiración esperando cuál será tu respuesta a este asunto de la confianza.

Incluso cuando no te sientes amado, Dios te ama. Él es un Dios personal, conoce tu nombre, y es un Dios de propósito que te creó con un propósito. Él velará y cuidará de ti y de tu familia. Eres un vaso escogido para un tiempo como este.

Si has estado sintiendo que las batallas que has librado en los últimos años se han puesto mucho más difíciles, hay una razón. ¿Es más poderoso que nunca el impulso de apretar el botón para entrar en esa página web inadecuada? ¿Es más fuerte la urgencia para retomar lo que habías abandonado? ¿Es más pesada la carga sobre tus hombros? ¿Tienes el corazón más acelerado que nunca? Hay una razón.

Jesús viene, y pronto. Pero, antes de que eso ocurra, el objetivo del enemigo es llevarse a todos los creyentes que pueda. Busca impedir que vivamos la vida que Dios quiso que viviéramos, y que no le digamos a nadie que Dios le ama y que conoce su nombre. Los espíritus atormentadores de temor, desánimo, depresión y lujuria están en alerta máxima, enfocados en su diana: tú. Cuanto más el enemigo te mantenga distraído y disfuncional, menos acceso tendrás a tu potencial en los momentos en que Dios más te necesita, es decir, los últimos tiempos.

Cuando lees las palabras últimos tiempos, ¿qué viene a tu mente? ¿Una pesadilla? ¿Un cuento de hadas? ¿Te abrumas y te quedas en blanco? ¿O gesticulas con los ojos porque ya lo has oído cientos de veces?

La Biblia enseña que los últimos tiempos deberían ocupar una parte importante de nuestro sistema de creencias. Por desgracia, parece que muchos lo ven como un tema que les asusta, que es polémico, ofensivo o abrumador, pero la Iglesia no puede seguir callada con respecto a los últimos tiempos. Si ignoramos la verdad de la Segunda Venida, estamos enseñando un evangelio incompleto. También nos estamos engañando a nosotros mismos y haciendo que la siguiente generación no esté preparada para el regreso de Cristo.

Sin entender el evangelio completo, la vida se reduce al aquí y ahora. Los creyentes se olvidan de que son responsables de testificar a otros sobre el regalo de la salvación, y de las consecuencias para quienes no reciban al Salvador. Y no siempre se debe a que somos egoístas o intentamos ir por delante. A menudo, ¡se nos olvida porque estamos abrumados!

Estamos tan atrincherados en las trampas mortales de este mundo, que la Segunda Venida de Jesús es lo último que hay en nuestra mente. Es decir, ¿acaso no tenemos suficientes cosas de las que ocuparnos? Solo estamos enfocados en sobrevivir. Intentamos superar el día de hoy sin tener que esnifar o beber, sin hacer un clic o una llamada, sin darnos un atracón de comida o hacer una compra compulsiva, un ataque de pánico o un letargo.

Pero Dios no nos llama a sobrevivir. Él nos llama a vencer.

Escribí este libro porque, en lo más hondo de mi espíritu, sentía una falta de conocimiento en la Iglesia con respecto a la Segunda Venida de Jesús. También soy testigo de que el espíritu de Jezabel está en acción en forma de lujuria, temor, desánimo y depresión. Jesús mismo anunció la aparición de su legado en Apocalipsis 2, una idea que comenzaré a explorar en la Parte III de este libro. No ha habido nunca antes una epidemia igual de familias y matrimonios rotos, y de cristianos deprimidos que se sienten abrumados solo con pensar en seguir adelante.

Y, sin embargo, como dijo Jesús a los que le seguían: no teman. Dios nos ha equipado para este momento específico.

El futuro está cargado de una oportunidad enorme. Debemos buscar a Jesús diariamente y vivir como si Él pudiera llegar ahora. También debemos ocuparnos y permitir que Dios nos use, y que nos libere de la depresión que azota, la adicción que susurra, y la desesperación que intenta eliminar nuestra existencia.

Dios nos ha permitido a ti y a mí vivir en esta época de historia profética. Esforcémonos por vivir bien, sin importar el estruendo de titulares en noticieros o redes sociales. Sí, hay gigantes ahí afuera, pero recuerda que Dios ya te ha dado todo lo necesario para hacerles frente.

Estamos en guerra. Algunos dicen que es una guerra política; otros dicen que es una guerra cultural o de ideas. Más que todas esas guerras, estamos en una guerra espiritual, y no podemos ganarla hasta que pongamos al descubierto a un enemigo. ¿Qué hay realmente detrás de la industria del aborto? ¿Y de los cárteles del narcotráfico? ¿Qué impulsa a los productores de pornografía? ¿Qué motiva la perversión sexual y la confusión que están tan extendidas en todo el mundo? Hay una mente maestra detrás de todo ello: Satanás mismo.

DIOS NO NOS LLAMA A SOBREVIVIR. ÉL NOS LLAMA A VENCER.

Cada generación hasta ahora ha tenido evidencias de algunas de las señales de los últimos tiempos; sin embargo, somos la primera generación obligada a reconocer que casi todas las profecías bíblicas de los últimos tiempos se han cumplido ya, y que Jesucristo podría venir en cualquier momento.

Tenemos que vivir como si lo creyéramos. Tenemos que vivir como vencedores, como más que vencedores.

Quizá no estés totalmente convencido de que estamos viviendo en los últimos días, y quizá piensas: *Pero espere, pastor Jentezen, ¡ya he escuchado esto antes!* ¿Algún conocido tuyo de una generación anterior creía que Jesús iba a regresar en su época, pero no sucedió? De hecho, ¿no es cierto que muchos líderes religiosos intentan convencernos cada año, década o generación de que este tiempo concreto es el fin? Quizá te estás ahogando en un aluvión de advertencias pasadas sobre los últimos días, sin confirmación de la verdad profética.

Mi padre, el pastor Billy Franklin, creía que Jesús iba a regresar, y que podía hacerlo en el transcurso de su vida. Yo estoy en el ministerio desde que era un adolescente, y siempre he creído que el Señor regresaría en algún momento, y que podría hacerlo en el transcurso de mi vida. Con varias generaciones antes que nosotros creyendo que el Señor regresaría, ¿por qué creo que el regreso del Mesías es inminente?

Porque hemos pasado el Rubicón.

En la antigua Roma, el Rubicón era un pequeño canal ubicado en el norte de Italia que marcaba la frontera más al norte de la propia Roma. Que un general cruzara la frontera con su ejército significaba un acto de hostilidad; una guerra civil, de hecho. Según la ley romana, cruzar el Rubicón era traición, castigable con la muerte. En el año 49 a. C. Julio César era un joven general que se hacía un lugar en lo que ahora llamamos Francia. En otra parte de la república, el general Pompeyo estaba adquiriendo territorio al Este y al Sur. Los celos y las disputas dividieron a estos dos líderes. Cuando César se acercó al Rubicón, conocía sus opciones: dar la vuelta y retirarse, o cruzar y esperar una batalla. "¡Adelante!", ordenó César a sus tropas. "¡Vayamos donde el augurio de los dioses y los delitos de nuestros enemigos nos convocan! ¡La suerte está echada!".[2] Su acción provocó el inicio de la guerra y la muerte de Pompeyo, y amenazó la existencia misma de la república de Roma.

En la actualidad, la frase "cruzar el Rubicón" significa pasar el punto de no retorno. Creo que es ahí donde estamos en el mundo hoy día. Hemos cruzado la línea por lo que respecta a las profecías, forjando posicionamientos y promulgando leyes que son contrarias a las leyes de Dios.

Ya cruzamos un Rubicón cuando la oración y la Biblia fueron eliminadas de la escuela pública. Nuestras leyes en cuanto a la legalización del aborto son otro ejemplo de cruzar un Rubicón. El aborto legalizado ha estado grabado en piedra en los Estados Unidos durante 50 años. El aborto no solo ha sido legal hasta las 24 semanas de gestación (como al abortar un bebé que ha estado seis meses en el vientre de la madre); algunos estados lo han legalizado hasta el nacimiento mismo. Cruzamos un Rubicón cuando se legalizó el matrimonio gay y la Casa Blanca fue iluminada con todos los colores del arcoíris.

En esta era de "cultura de la cancelación", a lo bueno se le llama malo y a lo malo se le llama bueno. ¿Por qué no hablamos más de esto? ¿Por qué tanto secretismo? La cultura de la cancelación y de silencio golpeó a la Iglesia mucho antes de que engullera a la nación. Dijo: "No hablen del rapto. No hablen de los últimos tiempos. No hablen del cielo y el infierno. No hablen de ello, porque no es el tiempo y no lo ha sido desde hace veinte años atrás". Un silencio peligroso inundó la Iglesia y a sus pastores, maestros y familias.

Existe un gran riesgo al predicar contra el declive moral que nos rodea por completo hoy día. Incluso al escribir este libro, sentí la presión de no seguir diciendo que algo está mal o es inmoral, sabiendo que eso se podría usar como titular para desacreditarme; pero ¿cómo no decir lo que es verdad? Aún me atrevo a decir que el matrimonio entre personas del mismo sexo no es bíblico. Dios aún declara que el aborto es acabar con una vida inocente.

Los Estados Unidos ha entrado oficialmente en los "días de Lot", lo que es evidente cuando leemos Génesis 19. Como las señales del regreso de Cristo son paralelas a los días de Lot, esas leyes que nos han llevado a cruzar el Rubicón puede que nunca se puedan deshacer. Tristemente, algunas de ellas se aceptan y practican incluso en algunos círculos religiosos. Cuando examinamos con cuidado las palabras griegas originales escritas en una afirmación que hizo Cristo, encontramos otra pista interesante en conexión con estas leyes nacionales, esta vez con respecto a los días de Noé. El versículo dice: *Pues como en los días antes del diluvio estaban comiendo y bebiendo, casándose y dando en casamiento, hasta el día en que Noé entró en el arca* (Mateo 24:38).

¿Por qué se hace alusión al matrimonio dos veces? Para cubrir la amplia variedad de "matrimonios" que vemos en nuestros días. En el versículo dice "casándose" y "dando en casamiento". La palabra *casarse* aquí en griego es *gameo*, que en general es una palabra usada para el matrimonio. Como esta es una señal de los "días de Noé", se podría referir a casarse con alguien de cualquier sexo. La segunda frase, "dándose en casamiento", se refiere más a un hombre que da a su hija al hombre con el que se va a casar. Desde la caída de Adán y Eva en el Edén, siempre ha habido una naturaleza de pecado en los hombres y las mujeres, creando un choque entre la carne y el espíritu. Cuando examinamos todos los versículos que dijo Cristo y los apóstoles escribieron con respecto a lo que sucedería en los últimos días, sin embargo, estamos claramente en la primera generación en ver tantos cumplimientos definitivos.

Ahora hemos llegado al aceleramiento de los acontecimientos de los últimos tiempos, muchos de los cuales se han iniciado en nuestra generación, ¡y no se pueden revertir!

Mientras el mundo presagia desastre, si leemos toda la profecía de los últimos tiempos en la Biblia hay buenas noticias, gran esperanza, y un plan de escape para el pueblo de Dios. Todo se reduce a esta sencilla pregunta: "¿Qué reporte vamos a creer?".

En los últimos días, las personas estarán hambrientas de la Palabra de Dios, pero como creyentes, rehusamos participar de esa hambruna. Vamos a consumir y creer la Palabra de Dios antes que cualquier otra cosa que estemos viviendo. Dios dijo: *Porque el que siembra para su carne, de la carne segará corrupción; pero el que siembra para el Espíritu, del Espíritu segará vida eterna* (Gálatas 6:8).

Mateo 24:6-8 nos advierte que, en los tiempos del fin,

Oiréis de guerras y rumores de guerras; mirad que no os turbéis, porque es necesario que todo esto acontezca, pero aún no es el fin. Se levantará nación contra nación y reino contra reino; y habrá pestes, hambres y terremotos en diferentes lugares. Pero todo esto es sólo principio de dolores.

Este es un mal reporte, no cabe duda. Después, el mismo capítulo dice: *Y será predicado este evangelio del Reino en todo el mundo* (v. 14). ¡Este es un reporte maravilloso de avivamiento! Estos dos pasajes están en el mismo capítulo, y ambos son verdaderos al cien por ciento, así que podemos enfocarnos en el buen reporte y no solo en el malo.

Como creyente en Jesucristo, yo escojo enfocarme en el buen reporte. Piensa de manera positiva en las bendiciones, la bondad y la fidelidad del Padre en tu vida. Cree siempre el reporte del Señor. Así es como superamos los momentos abrumadores.

Para ayudarte a superar estos tiempos y el sentirte abrumado, esto es lo que puedes esperar del resto de este libro. En la Parte I, "Destinados a vencer", hablaremos acerca de que somos parte de la profecía bíblica y que, a medida que viajamos por la vida, hay un propósito mayor en juego. Después, acompañaremos a Jesús y sus discípulos en un recorrido por el templo, que nos lleva a través de las palabras que Él les dijo y que también nos dice hoy, cuando reveló las señales de los últimos días (ver Mateo 24). En ese intercambio, Jesús nos concedió lo que yo llamo 5 pasos para superar el sentirte abrumado, pasos que nos ayudarán a enfrentar las turbulencias y los problemas de la vida y superarlos.

En la Parte II, "5 pasos para vencedores", veremos más de cerca los 5 pasos individualmente, que son *mirar al interior, mirarlo a Él* (Jesús), *mirar hacia adelante, mirar hacia afuera* y *mirar hacia arriba*. Cada paso no solo nos ayudará tanto a ti como a mí a superar el caos de cada día, sino que también nos capacitará para que abracemos el misterio de los últimos tiempos y alentemos a otros a hacer lo mismo.

La Parte III, "Levántate, sal, libérate", nos lleva a una profunda inmersión en las cuatro características del espíritu de los últimos tiempos que está atacando al Cuerpo de Cristo hoy, mediante sus múltiples manifestaciones de temor, desánimo, depresión y lujuria. Mientras el enemigo desea manipular nuestra mente, mantenernos cautivos al pecado en nuestro cuerpo, y traer muerte a nuestro espíritu, Dios nos da el poder para impedir que eso suceda. Mi capítulo final te ofrece una invitación a levantarte, salir y ser libre. Hay una nueva vida que puede brotar de la adicción, la ansiedad, la desesperación o cualquier obstáculo que te está abrumando en este momento. La libertad te espera.

Abordemos los últimos tiempos no con una vida caótica, con temor o ignorancia, sino armados de conocimiento y llenos de poder de Cristo, ¡que ya ha vencido!

¿Estás listo?

PARTE I

DESTINADO A VENCER

¿Alguna vez has pasado por alguna etapa en tu vida que no eras capaz de entender? ¿En la que querías trazar una línea desde tu pasado hasta tu presente, pero no parecía decirte nada sobre tu futuro? A menudo se nos olvida que nuestra vida tiene un Autor, un Padre amoroso en el cielo que escogió escribir nuestro nombre en su historia, y que quiere contar una historia fascinante con nuestros días... si se lo permitimos.

En la Parte I vamos a revelar la verdad de que, mientras tú caminas, Dios está obrando. Dios está sobre todo, al mando, y tú estás en un viaje profético hacia su gran propósito para tu vida. Esto es cierto, incluso cuando surge el caos de la vida y las señales de los últimos tiempos resplandecen ante nuestros ojos.

También haremos un pequeño recorrido por el templo con Jesús, y oiremos su respuesta a preguntas sobre cómo será la vida en los días que conducen a su venida. Te presentaré 5 pasos que creo que Él nos dio y que nos ayudarán a explorar quiénes somos en Él y cómo vivir en estos últimos tiempos debido a ello. Quiero enseñarte cómo cualquier cosa que te abruma podría ser a la vez lo que te lleve a conocerlo mejor a Él.

1

MIENTRAS TÚ CAMINAS, DIOS ESTÁ OBRANDO

Imagínate que eres un artesano que fabrica cestas y alguien se acerca a ti para pedirte que hagas una cesta especial para un propósito especial. Entrelazas tiras de juncos, solapando una sobre otra, y después cubres la cesta con una doble capa de brea y alquitrán para impedir que entre agua. Sellas todas las grietas con la perfección de un artista. Te pagan la cesta y se la llevan, y nunca más la vuelves a ver. Años después, te enteras de que esa obra de artesanía salvó la vida de un niño llamado Moisés, marcado por el Todopoderoso para ser el mayor libertador de Israel.

Imagínate que hubieras vivido siglos atrás en una ciudad llamada Belén. Un clan de pastores está preocupado por las bestias salvajes y los leones que atacan los rebaños. Los pastores te piden ayuda para que les hagas un arma rudimentaria, algo lo suficientemente pequeño para poder llevarla consigo, pero suficientemente fuerte para derrotar a esos depredadores. Tú tensas un trozo de lana tejida entre dos tiras de cuero y admiras tu producto final. Tu nombre nunca se mencionará como el creador de esa arma, pero esta honda entrará en la historia, y se hará famosa gracias a un guerrero adolescente llamado David al usarla para derribar a Goliat.

Unos mil años después, en la misma ciudad, imagínate que eres el dueño de una posada. Se ha exigido un gran impuesto, y todas las familias deben regresar al lugar de nacimiento de la familia para registrarse para un censo. Oyes que llaman a la puerta. Ante ti aparece un hombre, junto a su esposa embarazada sentada sobre un burro. Ella está a punto de dar a luz en cualquier momento. Piden una habitación, pero no tienes ninguna libre. Les ofreces lo único que queda, un establo donde resguardas a los animales. No sabes que acabas de proporcionar el lugar donde nacerá el Mesías del mundo. Tu establo será recordado cada año cuando el mundo celebre el nacimiento del bebé Jesús.

¿Cómo sería participar en un acontecimiento anunciado en la Biblia hace miles de años atrás? Quizá ni siquiera te darías cuenta en ese mismo momento. Por lo que a ti respecta, tan solo estás haciendo algo que siempre haces. O podrías sentirte inútil e incompetente y, sin embargo, un acto de obediencia puede encender la chispa de un viaje ordenado. ¿Reconocerías a Dios obrando en un momento divino si lo vivieras?

ESTÁS EN UN VIAJE PROFÉTICO

Eres parte de la profecía bíblica en este mismo momento. Nuestra generación ha sido marcada con promesas proféticas. Dios nos está permitiendo ver el despliegue de acontecimientos que los profetas de antaño solo vieron en visiones y sueños.

Es fácil olvidar que Dios está orquestando todo tras el telón mientras nosotros nos ocupamos de nuestros asuntos en el proceso de vivir nuestra vida. Él te ha enviado a un viaje profético y, si confías en Él, puedes estar seguro de que Él está en control y te tiene en sus manos.

Vuelve a leer esta última línea. ¿Te consuela o te asusta? Estás leyendo este libro por alguna razón. No puedes soportar otra noche sin dormir. No puedes deshacerte de un hábito que ha mutado hasta convertirse en una adicción que está destruyendo tus relaciones con quienes te rodean. La comida es más que un consuelo; es una fuente de seguridad, pero nunca satisface el hambre que es cada vez más profunda según pasan los días.

Respira. Esta vez, profundamente. Tu historia puede cambiar en este mismo momento.

Un encuentro, un desvío molesto, incluso la desesperación de querer sanar de un trauma puede acercarte un paso más a donde Dios quiere que estés: completo y sanado, lleno de gozo y propósito, listo y capaz de soportar cualquier misión que Él haya planeado para tu vida. Él siempre está obrando, pero incluso te has adormecido hasta el punto de que ya ni siquiera puedes verlo.

Dios sigue obrando mientras tú estás caminando, y si estás disponible y dispuesto, Él puede darte las herramientas que necesitas para superar las pesadillas que te asolan y te impiden alcanzar el destino final que Él ha preparado para ti.

Pienso en Saúl antes de que incluso supiera que se convertiría en el primer rey de Israel. En ese entonces era un joven que vivía en la casa de su padre, que engullía un bol de cereales cuando su padre le encargó una misión. El papá no le dijo a su hijo que sacara la basura o que recogiera algún papel. Le dijo a Saúl que se habían perdido tres asnas y que tenía la tarea de encontrarlas.

Toma ahora contigo alguno de los criados, levántate y ve a buscar las asnas, dijo el padre de Saúl (1 Samuel 9:3). La Biblia no nos dice cómo era la relación entre padre e hijo, pero si Saúl era el típico adolescente, probablemente hizo un gesto con los ojos y se quejó como respuesta. Ya sabes, solo porque su papá le dijo que hiciera algo.

Saúl no tenía ni idea en ese momento del destino que Dios tenía para su vida. No tenía ni idea de que esa misión a la que lo enviaba su padre terminaría con que él sería ungido como el primer rey de Israel. No sabía que estaba a las puertas del comienzo de un viaje profético para toda una nación que produciría un Mesías; y que, un día, este Mesías volvería y su reino no terminaría jamás.

Saúl solo creía que estaba haciendo lo que tenía que hacer, que obedecía a su molesto padre y hacía otra sencilla tarea más. Así que él y un criado emprendieron la búsqueda, en un viaje que duró tres días, intentando encontrar las asnas perdidas. Los hombres buscaron esas asnas por toda la tierra, pero no las encontraban. Saúl estaba listo para rendirse, así que le dijo a su compañero: *Ven, volvámonos; porque quizá mi padre haya olvidado la preocupación por las asnas y esté intranquilo por nosotros* (1 Samuel 9:5).

Pero el criado tuvo una idea mejor: *En esta ciudad hay un varón de Dios; es un hombre muy respetado: todo lo que él dice acontece sin falta. Vamos, pues, allá; quizá nos dará algún indicio acerca del objeto por el cual emprendimos nuestro camino ... «Venid y vamos al vidente»; porque al que hoy se llama profeta, entonces se le llamaba vidente* (vv. 6, 9).

Mientras Saúl se movía en una dirección, Dios también se movía en otra; Él ya había hablado al profeta sobre la llegada del joven. Me encanta que Dios estaba obrando en ambas partes. Estaba preparando la situación perfecta, la persona correcta, el lugar correcto y el momento perfecto, y cuando Dios estaba listo… una colisión de destino.

Eso es lo que significa estar en un viaje profético. Le sucedió a Saúl; le sucedió al que fabricó la cesta, al que hizo la honda y al posadero, y ahora mismo te está sucediendo a ti. Es tiempo de arrancar lo que te ha estado reteniendo como rehén e impidiendo el plan de Dios.

El día antes de que Saúl y el criado decidieran buscar al profeta/vidente Samuel, Dios le había dicho al profeta:

Mañana a esta misma hora yo enviaré a ti un hombre de la tierra de Benjamín, al cual ungirás como príncipe sobre mi pueblo Israel, y él salvará a mi pueblo de manos de los filisteos; porque yo he visto la aflicción de mi pueblo, y su clamor ha llegado hasta mí. (1 Samuel 9:16)

La Biblia dice que el Señor *"había hecho a Samuel esta revelación"* sobre la llegada de Saúl (v. 15). Esto es muy poderoso. No podemos hablar si no escuchamos. Necesitamos un oído sensible, como el del profeta. Tenemos que escuchar las palabras de Dios.

Mientras Saúl y su criado estaban de camino a la ciudad para buscar al profeta, Samuel caminaba hacia ellos desde la dirección opuesta.

Cuando Samuel vio a Saúl, Jehová le dijo: «Éste es el hombre del cual te hablé; él gobernará a mi pueblo.» Acercándose, pues, Saúl a Samuel en medio de la puerta, le dijo: —Te ruego que me enseñes dónde está la casa del vidente. (vv. 17-18)

Y, de repente, los caminos de dos hombres, extraños el uno para el otro, en viajes separados y con planes distintos, se fusionaron con poder suficiente para abrir la profecía de un futuro Rey con un reino eterno.

Samuel respondió a Saúl, diciéndole:

Yo soy el vidente; sube delante de mí al lugar alto, y come hoy conmigo. Mañana por la mañana te despediré y te descubriré todo lo que hay en tu corazón. (v. 19)

Y, antes de que Saúl pudiera añadir una sola palabra, Samuel añadió (en paráfrasis): "Ah sí, ¿y las asnas que estás buscando? No te preocupes por ellas. Ya han aparecido y están bien, esperando que llegues para llevarlas a casa".

Los tres hombres partieron el pan. Saúl y su criado pasaron la noche en casa del profeta. Al día siguiente, Samuel hizo que Saúl enviara al criado de regreso a su casa antes que él, y entonces comenzó a profetizar y ungió a Saúl como el primer rey de Israel.

Quizá aún no lo ves o ni siquiera lo crees, pero estás en un viaje profético. A veces, es necesario perder asnas para descubrir de qué se trataba todo el plan de Dios.

BUSCAR ASNAS, ENCONTRAR EL REINO

Dios ordena nuestros pasos. Quizá pensamos que estamos haciendo cierta tarea, pero hay un propósito por debajo de lo que vemos en la superficie. Lo que estás atravesando ahora mismo (la depresión, el dolor, el desánimo, la decepción, la adicción sexual, lo que el enemigo está intentando usar para destruirte) puede ser exactamente lo que Dios use para llevarte hasta donde debes estar.

QUIZÁ AÚN NO LO VES O NI SIQUIERA LO CREES, PERO ESTÁS EN UN VIAJE PROFÉTICO.

En el caso de Saúl, Dios usó una pérdida en su vida para dirigirlo hacia una dirección profética, donde encontraría un profeta que cambiaría su vida para siempre y la palabra del Señor se cumpliría. Este joven salió a buscar asnas y regresó a casa con un reino.

Faltaba algo en la vida de Saúl. ¿Estás en una etapa en la que te falta algo? ¿Has perdido algo recientemente? ¿Se acaba de romper tu matrimonio? ¿Le has dicho adiós a un ser querido? ¿Tenías un sueño que anhelabas mucho poder alcanzar y por el que te habías esforzado mucho, y ves que se está encaminando en otra dirección? En ocasiones, eso que falta en nuestra vida es la razón misma por la que encontramos el plan de Dios para nuestra vida.

Dios puede usar lo que hemos perdido para llevarnos de nuevo a nuestro viaje profético. Saúl estaba persiguiendo asnas, y en su mente era una tarea trivial y sin importancia comparada con la magnitud de su llamado. Quizá vas por el tercer medicamento para tratar de estabilizar tu estado de ánimo, o tal vez te has dado por vencido en tu viaje hacia la recuperación por la cantidad de veces que lo has vuelto a intentar solo para después volver a dejarlo. Muchas veces, los retos de esta vida son en realidad una preparación para la siguiente tarea que Dios tiene para ti. Dios puede usar lo que no tienes y lo que estás buscando, como paz, gozo o sentido, para ponerte de nuevo en tu destino o incluso para ayudarte a descubrirlo.

Quizá piensas que estás persiguiendo asnas, pero estás a punto de volver a casa con el reino. El profeta básicamente le dijo a Saúl: "¡Ya es hora de que dejes de perseguir asnas! ¡Eso es una distracción!". Dios tenía algo mucho mayor para Saúl que perseguir asnas. Saúl sería rey.

Podemos perdernos lo que Dios tiene para nosotros por estar persiguiendo lo que no es importante. El enemigo quiere que sigamos sintiéndonos ansiosos, que sigamos ocupados con distracciones, quiere paralizarnos con mensajes confusos y dejarnos desamparados. Pero Dios nos ha puesto aquí para un tiempo como este.

Es hora de que dejes de perseguir asnas.

Creo que el Señor tiene una palabra para ti si estás leyendo este libro. Creo que quiere que sepas que Él ya ha tomado el control de los asuntos de tu vida. Quizá no tengas ni idea de cómo te va a usar Dios, pero puedes estar seguro de que el enemigo quiere limitarte. Dios tiene cosas asombrosas planeadas para ti. No cometas el error de conformarte con perseguir asnas cuando estás destinado al trono. Eres un rey o una reina en el reino de Dios.

Dios está preparando citas, abriendo puertas, y organizando la economía para ti y para tu futuro inmediato. Dios está a punto de llevarte a tu etapa más productiva, si dejas de perseguir asnas y de esconderte en tu propia inseguridad.

Después de que Samuel ungió a Saúl y declaró que sería rey, llegó el gran día. Todo Israel se reunió por decenas de miles para coronar a Saúl como su primer rey. Fue una gran celebración. Los hombres lo celebraban por las calles; las mujeres danzaban con panderetas y panderos; los niños tenían banderines en las manos. Solo había un problema: no encontraban a Saúl.

¿Dónde estaba su rey? Volvieron a anunciar su nombre, pero seguía sin aparecer: *Preguntaron, pues, otra vez a Jehová si aún no había concurrido allí aquel hombre. Y respondió Jehová: «Está ahí, escondido entre el bagaje»* (1 Samuel 10:22). Saúl era tan inseguro, que no podía dar un paso hacia lo que Dios le estaba llamando a hacer, así que fue y se escondió entre un montón de maletas.

DIOS ESTÁ A PUNTO DE LLEVARTE A TU ETAPA MÁS PRODUCTIVA, SI DEJAS DE PERSEGUIR ASNAS Y DE ESCONDERTE EN TU PROPIA INSEGURIDAD.

Al igual que Saúl, nos perderemos lo que Dios tiene para nosotros si no estamos dispuestos a soltar nuestro bagaje. Esta es una de las maneras mediante las cuales el enemigo intenta impedir que recibas las bendiciones de Dios. Tienes que dejar de perseguir asnas que realmente no importan en el cuadro más amplio del plan de Dios, porque ese tipo de bagaje del pasado te impedirá alcanzar tu llamado. (Leerás en la Parte III acerca de algunos de los bagajes que pueden retenernos. Y, cuando llegues ahí, aprenderás que hay un camino mejor).

No se trata de tu fortaleza o habilidad; se trata de confiar en Dios. Y, antes de que hagas un gesto con los ojos o me interrumpas con un "Pero, pastor", deberías saber que Dios no acepta excusas cuando estamos en un viaje profético.

LA PERSONA, EL LUGAR, EL MOMENTO

Tú eres el indicado. *Este* es el lugar. *Ahora* es el momento.

Cuando enfrentamos el llamado de Dios, sin embargo, veo que la mayoría de las personas se esconden tras un montón de excusas en cuanto a por qué ellos no son el hombre o la mujer adecuados para esa tarea: *Yo no puedo porque...*

Soy muy joven.

Soy muy mayor.

No sé lo que hago.

No me lo merezco.

No consigo ordenar mi vida.

No puedo eliminar mis deudas.

No dejo de lidiar con la depresión/ansiedad.

Cuando Samuel comenzó a profetizar sobre Saúl, el joven rehusó aceptar su destino, y se dedicó a poner excusas: *¿No soy yo hijo de Benjamín, de la más pequeña de las tribus de Israel? Y mi familia ¿no es la más pequeña de todas las familias de la tribu de Benjamín? ¿Por qué, pues, me has dicho cosa semejante?* (1 Samuel 9:21). *Soy el más insignificante de la familia más disfuncional de la ciudad.* Pero Dios sabía lo que estaba haciendo entonces, y sabe lo que está haciendo hoy.

¡Dios quiere usar tus excusas! Él tomará tus excusas y las convertirá en oportunidades. Dios tiene un propósito para tu vida, lleno de tareas que exigen tu ADN único.

Quiero que guardes en tu corazón estas tres verdades hoy mismo. Considéralas una revelación personal:

1. Tú eres el indicado.

2. Este es el lugar.

3. Ahora es el momento.

La Escritura está repleta de personas a las que Dios se acercó con un plan magnífico para su vida y, sin embargo, sus respuestas fueron las mismas: *Yo no.* Hablemos de Moisés, por ejemplo. Cuando Dios le habló en medio de la zarza ardiente, la respuesta de este hombre fue una lista de excusas: *Soy lento para hablar. Nadie me escuchará.* Lo mismo ocurrió con Gedeón. El ángel del Señor se acercó a Gedeón y, antes de encomendarle una tarea, lo llamó guerrero valiente. ¿Cuál fue la respuesta de Gedeón? *Te has confundido de hombre. Yo soy el menor entre los más pequeños.*

Estos son solo dos de los personajes de la Biblia dentro de una gran plétora que dijeron: *Yo no soy el indicado. Este no es el lugar. Ahora no es el momento.* Dios tuvo que darle la vuelta a la situación para que estas personas entendieran que eran los indicados, que sí era el lugar, y también el momento idóneo.

El 13 de enero de 1982, el vuelo 90 de Air Florida se estrelló en la calle 14th Street Bridge segundos después de despegar del Aeropuerto Nacional de Washington. El avión aterrizó en el helado río Potomac. De las 79 personas a bordo, solo sobrevivieron 5. Lenny Skutnik, un empleado federal, se encontraba cerca del siniestro. Como un testigo más de los cientos que había, cuando oyó los gritos de los pasajeros intentando sobrevivir en el agua congelada cuando los trabajos de salvamento estaban en marcha, se quitó el abrigo y se lanzó al gélido río. Pudo salvar a una mujer, llevándola sana y salva hasta la orilla del río.

Y Skutnik no lo sabía, pero según un reporte, había una mujer en su apartamento viendo las noticias en directo, se dirigió a sus dos hijos pequeños, y dijo: "Probablemente eso es lo que su papá también haría". Tres horas después, se enteró de que verdaderamente era su padre, ¡su esposo! ¿Eres tú el indicado? ¿Eres tú la persona que se levantará y dirá: "Voy a hacer algo al respecto. Este es el lugar, y este es el momento"?

Alfred Nobel es conocido en nuestros días como el científico que estableció el Premio Nobel para reconocer los logros de personas en los campos de la física, química, psicología, medicina y literatura, o el de la Paz por sus esfuerzos por la paz entre las naciones. Pero, según el historiador Oscar J. Falnes, el nombre de la familia Nobel antes se "asociaba a las artes de la guerra, y no a las artes de la paz".[1]

Aunque Nobel nunca contó esta historia públicamente, los historiadores apuntan que su benevolente motivación surgió de un error en el periódico local. Un día, Alfred estaba leyendo un periódico francés y se topó con una esquela mordaz sobre... ¡él mismo! En esta esquela, a Alfred se le etiquetaba de "mercader de la muerte".[2] Conocido por inventar y desarrollar explosivos (la dinamita incluida) que se usaban tanto en la construcción como en la guerra, Alfred se horrorizó por el legado que supuestamente había dejado. Aunque el periódico corrigió el error de la confusión de identidad (el periódico quería referirse al hermano de Alfred, Ludwig, que había muerto), Alfred tuvo una especie de despertar. Según el biógrafo Kenne Fant, Alfred "se obsesionó tanto con su reputación póstuma que corrigió su testamento, legando la mayor parte de su fortuna a una causa que ningún futuro escritor de esquelas podría difamar".[3] Hoy día, nadie piensa en Alfred Nobel como el inventor de los explosivos, sino que pensamos en él como un hombre que avanzó la paz mediante el Premio Nobel de la Paz.

Tú puedes redefinir tu legado. No puedes deshacer lo que has hecho, pero puedes darle la vuelta desde ahora mismo, y vivir una vida que cuente para el reino. Quiero que el mismo espíritu que se apoderó de Alfred Nobel se apodere de ti y de mí: *Yo soy el indicado. Este es el lugar. Ahora es el momento.*

Es muy fácil pensar que Dios va a hacer algo en lugares remotos o en otro momento de nuestra vida, pero la Biblia nos dice que hoy es el día de salvación (ver 2 Corintios 6:2), ¡y este es el lugar!

Cuando Moisés y el pueblo de Israel vagaban por el desierto, muchas veces el pueblo comenzó a gimotear y a quejarse, diciendo: "¡Nos morimos de sed!". "¡Nos morimos de hambre!". "¡No hay nada para comer ni para beber!". "¡Estamos cansados!". "¡Hace calor!" (ver Números 21:4-5). Muchos de ellos pensaban: *Esto es ridículo. ¡En qué momento escuchamos a Moisés y salimos de Egipto! Regresemos.*

Pero Dios dijo: "Este es el lugar". Y, en medio del desierto, sin comida ni bebida para el pueblo, Dios le dijo a Moisés que se quedaran allí. Y también le dijo que hicieran algo más: "Saca el coro levítico, Moisés. ¡Es el momento de empezar a cantar!".

Así es como me imagino esta patética escena. Esas personas están en el desierto, con arena por todos lados y un calor abrasador. Llevan caminando un tiempo ya y están cansados, pero el coro se levanta y empieza a cantar:

> *Sube, oh pozo; a él cantad; pozo, el cual cavaron los señores.*
> *Lo cavaron los príncipes del pueblo, y el legislador, con sus*
> *báculos.* (Números 21:17-18, RVR 1960)

Y, mientras cantan, los sacerdotes comienzan a dar golpecitos en la tierra seca con sus báculos. *Tap. Tap. Tap.* Lo único que están haciendo, aparentemente, es crear una nube de polvo. Algunos empiezan a toser y otros a ahogarse, pero siguen golpeando la tierra y el coro sigue cantando. Me imagino a uno de los sacerdotes dando golpecitos con su báculo, pero esta vez se le atasca. No lo puede sacar del suelo, así que llama a Moisés. Ambos agarran el báculo con toda su fuerza y sacan esa vara del suelo. Pero, un momento, la punta de la vara está mojada. Moisés dice: "¡Vuelve a golpear!", y con la música de fondo de "Sube, oh pozo" el agua comienza a brotar de la tierra seca.

Deja de pensar que Dios no te va a usar hasta que te cases, hasta que encuentres el empleo perfecto, hasta que te mudes a la ciudad perfecta, cuando se acaben las peleas en tu familia, o cuando finalmente superes esa tentación. Comienza a decir: "Yo soy el indicado. Este es el lugar. Ahora es el momento".

El autor de Eclesiastés escribió que un perro vivo es mejor que un león muerto (ver Eclesiastés 9:4). Aunque un león es muy fuerte, si está muerto, su fuerza no es más que una oportunidad perdida. Para él, se terminó. Yo no quiero ser un león muerto. Prefiero ser un perro vivo, pues aunque solo sea un perro vivo, si respiro, aún tengo vida por delante. Aún tengo una oportunidad.

Una oportunidad presente llena de problemas es mejor que una oportunidad maravillosa que ya pasó. ¡Ahora es el momento! El pueblo de Israel rehusó entrar en la tierra prometida porque escucharon a los diez espías. Moisés intentó intervenir por ellos y le pidió a Dios que los perdonara, pero Dios básicamente respondió: "Llegas tarde. No te voy a usar a ti. Ya he escogido otra generación para que entre en la tierra prometida" (ver Números 14:18-23).

De nuevo, ¡ahora es el momento! ¿Sabías que si esperas hasta que sea demasiado tarde te puedes perder tu destino? ¿Sabes que puedes perder tu propósito? ¿Sabes que te puedes perder el plan que Dios tiene para tu vida? "Ahora es el momento. Hoy es el día".

¿Cuándo vamos a dejar de decir: "Un día, vamos a hacer algo; un día, vamos a marcar la diferencia; un día, realmente vamos a ganar el mundo; un día, vamos a cambiar nuestra nación; un día, vamos a conseguir que nuestro país se vuelva a Dios"? ¿Y cuándo vamos a decir: "Ahora es el momento"?

¡Este es el momento! ¡Este es el lugar! Nunca habrá un tiempo mejor para dar lo mejor de ti, para que lo des todo, para derramar tu vida delante de Dios, que ahora mismo.

Tú eres el indicado. Este es el lugar. Ahora es el momento.

Despierta hoy a tu destino. Fuiste creado para ser la sal y la luz de la tierra. No puedes hacer nada con respecto a tu pasado, pero puedes reescribir el resto de tu vida. Y eso comienza ahora mismo.

¿Qué estás esperando?

2

EL RECORRIDO POR EL TEMPLO Y LOS 5 PASOS

Durante miles de años, las personas han especulado sobre los últimos tiempos y el regreso de Jesús. Los discípulos no se quedaron atrás en esto. El capítulo 24 del Evangelio de Mateo narra una de las profecías más importantes de la Biblia. En ese pasaje leemos que, durante la última semana de la vida de Jesús, los discípulos fueron con Él al templo, el mayor logro del pueblo judío. Mientras caminaban por la magnífica construcción arquitectónica, maravillados de todo su esplendor, los discípulos de algún modo olvidaron que Jesús era el portador de la presencia de Dios, una presencia que había abandonado ese templo.

Los discípulos pensaron que Jesús se impresionaría tanto como ellos ante lo que los hombres habían hecho para construir el reino de Dios, pero Jesús no estaba impresionado en absoluto ante lo que la humanidad podía hacer. Dijo algo que los agarró desprevenidos: *¿Veis todo esto? De cierto os digo que no quedará aquí piedra sobre piedra que no sea derribada* (Mateo 24:2).

Este comentario los dejó descolocados. Avancemos 24 horas, y encontraremos a Jesús con los discípulos en el Monte de los Olivos al otro lado del valle, mirando desde arriba a ese mismo templo. Pensando en las palabras que Jesús había dicho el día anterior acerca del templo, se atrevieron a preguntarle: *Dinos, ¿cuándo serán estas cosas y qué señal habrá de tu venida y del fin del siglo?* (v. 3) Y Jesús, con su particular estilo, no respondió la pregunta que le estaban haciendo, sino que les dio la respuesta que necesitaban: *Mirad que nadie os engañe* (v. 4).

La palabra *mirad* se traduce en varias versiones como "tengan cuidado" (NVI, DHH, PDT), "no dejen" (NBV), "cuídense" (RVC), "¡cuidado!" (TLA). Cristo advirtió cuatro veces en Mateo 24 que nos cuidáramos de ser "engañados" (ver vv. 4, 5, 11, 24). Engañar a alguien tiene que ver con seducir a esa persona y hacer que se desvíe del camino correcto.

JESÚS DIJO ENTONCES LO QUE DICE HOY A LOS CREYENTES DE TODO EL MUNDO: LO QUE SEPAN O NO SEPAN DE LOS ÚLTIMOS TIEMPOS NO ES NI MUCHO MENOS TAN IMPORTANTE COMO QUIÉNES SEAN USTEDES CUANDO YO REGRESE.

Jesús no cargó a los discípulos con las muchas señales de los tiempos, ni les dijo cuándo iba a regresar Él. Ellos no necesitaban saber el tiempo exacto y cada una de las señales; lo que más necesitaban era simplemente "mirar" por ellos mismos. En otras palabras, asegurarse de estar tomando las decisiones buenas y correctas.

Lo mismo sucede con nosotros hoy. Cuando respondemos a esas preguntas que tienen que ver con el "regreso de Cristo", Jesús dijo entonces lo que dice hoy a los creyentes de todo el mundo: *Lo que sepan o no sepan de los últimos tiempos no es ni mucho menos tan importante como quiénes sean ustedes cuando yo regrese.* También nos dio "5 pasos" que podemos dar y que nos ayudarán a explorar quiénes somos a medida que nos aproximamos a los últimos tiempos. Veremos cada uno de estos pasos con más detenimiento en la Parte II, pero aquí están agrupados en una lista:

Paso 1 *Mirar al interior*

> *Mirad que nadie os engañe* (Mateo 24:4).

Paso 2 *Mirarlo a Él*

> *Mirad que no os turbéis* (v. 6).

Paso 3 *Mirar hacia adelante*

> *Pero el que persevere hasta el fin, éste será salvo* (v. 13).

Paso 4 *Mirar hacia afuera*

> *Y será predicado este evangelio del Reino* (v. 14).

Paso 5 *Mirar hacia arriba*

> *Cuando estas cosas comiencen a suceder, erguíos y levantad vuestra cabeza, porque vuestra redención está cerca* (Lucas 21:28).

Me encanta cómo Jesús cambió el enfoque en Mateo 24. Es casi como si lo hiciera a propósito. Estoy seguro de que, a esas alturas, ya estaba acostumbrado a que las personas le preguntaran acerca de la última profecía para saciar su curiosidad, o le rogara una señal para fortalecer su fe. Pero Jesús sabía qué era lo más importante: preparar a sus seguidores espiritualmente, en lo emocional, así como mentalmente para lo que vendría.

Puede que vivamos en tiempos peligrosos, pero también son tiempos llenos de oportunidades tremendas. No te llenes de preocupación. Sé fuerte y valiente porque servimos al Dios de esperanza.

ARMAS ANTIGUAS, VICTORIAS NUEVAS

A veces se necesita una espada antigua para matar gigantes nuevos.

Cuando David fue ungido como el futuro rey de Israel, subió de nivel. En lugar de luchar contra leones y osos, se ve a sí mismo en el ring con un guerrero de tres metros llamado Goliat. Probablemente ya conoces la historia. Este pequeño adolescente, menospreciado por su papá y sus hermanos, llena una bolsa con piedras planas y se dirige al sangriento campo de batalla. Goliat se burla del pobre muchacho, pero David tiene de todo menos miedo.

"Cuando acabemos", le dice al gigante, "me iré a casa. Sin embargo, tú te irás al suelo".

Una piedra, un lanzamiento, y el guerrero bravucón está muerto. David sella la situación decapitando a Goliat con la propia espada del gigante abatido. Entrando para la celebración; el adolescente es vitoreado como héroe e invitado a vivir en el palacio con el rey Saúl. Tiene que estar pensando que su tiempo de reinar se acerca rápidamente.

Avancemos muchos años el tiempo, y veremos que David aún no está en el trono. En cambio, el celoso rey le está echando del palacio. David tiene que huir para salvar su vida, una etapa que abarcará muchos años. Es un fugitivo sin preparación, sin plan, sin dinero, sin armas, sin ropa extra, sin comida enlatada, sin GPS.

¿A dónde corre primero? Al templo. Me encanta eso. En su día más oscuro, David decide correr al templo. No se fue a un bar, ni a los brazos de una mujer, ni a los tentáculos de una adicción, sino que va al lugar donde está la presencia de Dios (ver 1 Samuel 21). ¿Adónde corres tú cuando tienes problemas?

En el templo, David conoce a un sacerdote llamado Ahimelec. El fugitivo pide comida, y el sacerdote le da pan y probablemente algo de vino. Mientras David se llena la boca, con algunas migas enredadas en la barba y otras acumulándose en su túnica, le pide a Ahimelec una cosa más: "Sé que esta no es una petición muy común, pero tenía tanta prisa que me fui sin mis armas, y puede que necesite algunas por estas tierras. ¿Tienes algún arma aquí en la casa de Dios?".

El sacerdote mueve su cabeza negativamente. "No, aquí somos predicadores, no luchadores".

Antes de que la decepción pueda nublar el corazón de David, el rostro de Ahimelec se ilumina. "Espera un momento. A decir verdad, tenemos un arma. ¡Es la misma espada que usaste para cortarle la cabeza a Goliat! ¿Te valdría con esa?".

¿La misma espada para una nueva victoria? Quizá fuera vieja, pero estaba igual de afilada; y, si había funcionado antes, seguro que funcionaría ahora.

EN SU DÍA MÁS OSCURO, DAVID DECIDE CORRER AL TEMPLO. NO SE FUE A UN BAR, NI A LOS BRAZOS DE UNA MUJER, NI A LOS TENTÁCULOS DE UNA ADICCIÓN, SINO QUE VA AL LUGAR DONDE ESTÁ LA PRESENCIA DE DIOS. ¿ADÓNDE CORRES TÚ CUANDO TIENES PROBLEMAS?

¿Te imaginas los ojos de David cuando el sacerdote le enseñó el arma que blandió contra el gigante que había amenazado con matarlo? En una fracción de segundo, el joven seguro que fue transportado a ese campo de batalla, al canto triunfal de miles retumbando en sus oídos. El muchacho había llevado la espada al templo porque sabía de quién había sido la victoria.

De nuevo en el templo, más viejo y dándose a la fuga, haciendo frente a una nueva pelea y un enemigo distinto, David agarra el mismo reluciente instrumento de guerra. La espada es incluso más de lo que él buscaba; es justo lo que necesita. Por lo tanto, me imagino al futuro rey susurrando asombrado ante el sacerdote: *Ninguna como ella; dámela* (1 Samuel 21:9).

Las armas que Dios nos proveyó en el pasado siguen funcionando hoy. El mismo nombre que es sobre todo nombre, la misma sangre que fue vertida en la cruz, el mismo poder del Espíritu Santo, las mismas herramientas de oración y ayuno, no son para que las pongamos en la Iglesia como decoración, sino para usarlas como armas para resistir y prosperar, particularmente en estos últimos tiempos.

Piensa en estos 5 pasos: *mirar al interior, mirarlo a Él, mirar hacia adelante, mirar hacia afuera* y *mirar hacia arriba*, como armas que puedes usar para vencer ante cualquier cosa que la vida lance a tu camino.

PARTE II

5 PASOS PARA VENCEDORES

Las épocas difíciles exigen apoyo espiritual. Jesús nos dijo que en este mundo tendríamos aflicciones, y también nos ofreció maneras de superar esos tiempos difíciles que enfrentaríamos.

En esta parte del libro veremos 5 Pasos que serán fundamentales para poder superar los tiempos abrumadores. Nos enseñan a *mirar al interior, mirarlo a Él, mirar hacia adelante, mirar hacia afuera* y *mirar hacia arriba*. Como vienen directamente de las palabras de Jesús, estos pasos nos ayudarán a enfrentar nuestros retos de cada día y también los desafíos concretos de los últimos tiempos que estamos viendo surgir.

Usando estos 5 Pasos podemos explorar nuestro entendimiento de quiénes somos en Cristo y cómo vivimos debido a Él. Cada uno de estos pasos nos animará a levantarnos, salir y ser libres.

3

PASO 1: MIRAR AL INTERIOR

El enemigo te ve como una diana de gran valor, o DGV. El Departamento de Defensa de los Estados Unidos define este término militar como "una diana que el comandante enemigo necesita para terminar la misión con éxito. Es de esperar que la pérdida de dianas de gran valor degrade gravemente las funciones del enemigo a lo largo del área de interés del comandante".[1] Por lo tanto, una DGV describe a un enemigo combatiente que tiene el potencial de causar un gran daño o crear una interrupción en las operaciones. Antes de su captura en el año 2003, al expresidente de Irak, Saddam Hussein, se le conocía como la "diana de gran valor número uno" entre el ejército de los Estados Unidos. Osama bin Laden era otra de esas DGV.

Mientras más conoces de Dios, más lo amas y lo sirves, y más habitas en su Palabra, más te conviertes en una diana de gran valor, o DGV, del enemigo, eso está garantizado. Y, cuando está garantizado que eres el más buscado de la lista del infierno, necesitarás una supervivencia estratégica y tácticas vencedoras.

Como creyente que vive en los últimos tiempos, eres una amenaza. El enemigo sabe que Dios te ha dado las llaves del reino. Si sabes orar, ayunar, andar en el Espíritu, amar y perdonar, eres una DGV y el infierno está enviando sus mejores fuerzas para eliminarte de este mundo. Quizá esto te asusta, pero en realidad son buenas noticias. Es evidencia de que eres un activo para el reino.

Simón Pedro fue una de las muchas DGV de la Biblia. En Lucas 22 vemos a Jesús sentado a la mesa con sus discípulos en la Última Cena. Casi al término de la velada, Jesús se dirige a Pedro, y llamándolo por su nombre original, le dice: *Simón, Simón, Satanás os ha pedido para zarandearos como a trigo* (v. 31). Algunas traducciones usan la palabra *separar* en lugar de *zarandear*, dando a entender el deseo de Satanás de separar a los discípulos de Jesús, al igual que se separa el trigo de la paja.

¿Qué significa esto para ti y para mí hoy? La meta del enemigo es también zarandearnos, lo que significa que quiere separarnos. Él quiere separarte de tus buenos amigos, colegas y familiares. Quiere causar división en tu matrimonio. Quiere provocar conflicto en tus amistades. Quiere que se produzcan disputas en tus relaciones con tus hijos. Quiere separarte del grupo de personas apropiado y conectarte con el indebido. El infierno está intentando apartarte de lo que Dios ha destinado para ti, y al enemigo no le importa lo que cueste.

MIRAD

Como vimos en el capítulo 2, lo primero que Jesús dijo a sus discípulos cuando le pidieron que les dijera cuáles eran las señales de los últimos días fue: *Mirad que nadie os engañe* (Mateo 24:4). En lugar de dar a sus seguidores un programa cronológico, les dijo que *miraran al interior*: nuestro primer paso para vencer y superar el sentirnos abrumados. En otras palabras, ellos tenían que ser autorreflexivos y guardarse. No se trata tanto de saber el porqué, dónde, cuándo o cómo de las cosas; lo importante es lo que está ocurriendo en tu interior.

De nuevo, como dije en el capítulo 2, Jesús les estaba diciendo lo mismo que está diciendo a los creyentes de todo el mundo ahora: lo que sepamos o no sepamos acerca de los últimos tiempos no es ni mucho menos tan importante como quiénes seamos cuando Él regrese. ¿En qué piensas tú habitualmente? ¿Cuál es el estado de tu carácter? ¿Cómo está tu integridad? La santidad personal puede que no sea uno de los temas más emocionantes de los que hablar, pero "mirad", porque es una de las batallas más importantes que tú y yo pelearemos.

Muchas de nuestras batallas espirituales nacen de heridas autoinfligidas. Caemos en rutinas que obstaculizan nuestro crecimiento. Invertimos el tiempo batallando en los teclados detrás de las pantallas en lugar de orar los unos por los otros. Revisamos las noticias del canal 24 horas porque estamos obsesionados con intentar averiguar qué está sucediendo en otra parte del mundo. Intentamos conectar los puntos de nuestro mundo con la profecía bíblica de los últimos tiempos, mientras que quizá nuestro vecino ni siquiera sabe que amamos a Jesús.

Esta es una pregunta sencilla: ¿cómo conseguimos que mirar al interior sea una prioridad?

Cuando comparas la cantidad de tiempo que dedicaste la semana pasada a escuchar *podcasts* o a interactuar en las redes sociales con el tiempo que pasaste en la Palabra de Dios, ¿cuál de las dos gana? No inviertas tanto en el entretenimiento, la política, la economía personal y los problemas, de modo que te olvides de lo único que Dios te dijo que guardaras: a ti mismo. Mantente alerta. Toma buenas decisiones.

Tu meta es perseverar hasta el fin y superar las áreas en las que batallas. Tienes que saber que lo que a mí me gusta llamar *armas de distracción masiva* serán lanzadas a tu camino para impedir que sigas avanzando a buen ritmo. No te dejes engañar. Mantén la guardia. Mira al interior.

Mirad.

GUÁRDATE

La primera responsabilidad que cada hombre y cada mujer tiene de mirar al interior la encontramos en una historia del Antiguo Testamento que tiene lugar en un campo de batalla. Como te puedes imaginar, un campo de batalla engendra un caos continuo. En tiempos del Antiguo Testamento, el campo de batalla estaba lleno de cuernos estridentes, espadas colisionando, el retumbar del ruido de los carros, el estruendo de los gritos de guerra, y los quejidos de los soldados agonizantes. Cada minuto era crucial. Cada acción, cada decisión, contaba. Había vidas que estaban en juego.

Ahora, en la batalla espiritual que libras, tu vida sigue estando en juego, y el enemigo va por ti. ¿Qué puedes hacer? Veamos esta historia de 1 Reyes 20 para descubrirlo. Un soldado le dice a un rey que le han dado órdenes explícitas de custodiar a un prisionero en particular. Al soldado le habían advertido que *si llega a huir, pagarás con tu vida por la suya o pagarás un talento de plata* (v. 39).

El soldado en este pasaje tenía una sola tarea, y era la de guardar a un prisionero. La versión Reina-Valera 1960 lo dice así: *Guarda a este hombre*. La palabra hebrea para *guardar* es *shamar*, que significa "vallar (como con espinos), por ej., guardar; por lo general, proteger, atender, etc".[2] La palabra original capta la imagen de un redil, un corral hecho con zarzas que usaban los pastores para proteger a sus rebaños de los depredadores.[3] Se le dijo al soldado que no se distrajera, y que protegiera al prisionero como si cuidara de su propio rebaño.

Cuando terminó la batalla y el rey y el soldado se encontraron, la historia da un giro amargo. El soldado le dijo al rey que había perdido al prisionero. La conversación resultante entre el rey y el soldado me parece fascinante.

"¿Cómo pudo suceder esto?", me imagino que demandó el rey. "¿Qué asunto fue tan importante como para hacer que te distrajeras de guardar al hombre que era lo más importante? ¡Explícate!".

Estoy seguro de que el rey esperaba que el soldado tuviera una excusa legítima. Quizá el rey se imaginaba que el soldado tuvo que blandir su espada contra un enemigo que lo atacaba y para ello dejó suelto al prisionero.

¿Cuál fue la respuesta del soldado? *Y mientras tu siervo estaba ocupado en una y en otra cosa, el hombre desapareció* (v. 40). El soldado no era perezoso. No era un soldado terrible. Sin embargo, fue atacado por armas de distracción masiva, y las consecuencias fueron graves. Como había perdido al prisionero, perdería su propia vida.

La santidad personal es la batalla de los creyentes del siglo XXI en cada etapa de la vida. A medida que buscamos la santidad, debemos tener en cuenta tanto nuestro ser interior como nuestro ser exterior. Nuestro ser exterior está compuesto por la carne y todos los deseos carnales, y nuestro ser interior es el lugar interno de nuestro corazón donde el Espíritu Santo está entronado. Tenemos que guardar con diligencia tanto nuestro ser exterior como el interior. Nuestro campo de batalla es el mundo en el que vivimos, junto a las escaramuzas que experimentamos día a día en nuestro corazón y nuestra mente. La distracción es un arma poderosa que el enemigo utiliza para que no nos enfoquemos en lo que realmente importa: ser cada día más y más semejantes a Jesús.

Al igual que el campo de batalla es ruidoso, también lo es nuestro mundo. No estoy hablando solo del mundo en general, sino del mundo que hemos construido alrededor de nuestra vida, incluyendo las redes sociales, de nuestras responsabilidades, aficiones, pasiones, pasatiempos, de nuestra salud mental y prioridades físicas. Las maravillas de la tecnología nos han convertido en zombis de la pantalla. Apuntamos a nuestros hijos a todo tipo de actividades debajo del sol. Sobrecargamos nuestro calendario y agotamos nuestro margen. No todo lo que hacemos es malo. Ir al gimnasio varias veces por semana o ver a tu hijo patear el balón ¡son cosas buenas! Y las redes sociales pueden ser un medio maravilloso de conexión con personas que están lejos de nosotros. Pero me doy cuenta de que, al cargar nuestros días de actividades incesantes, sin guardar intencionalmente nuestro ser interior, vaciamos nuestra alma de lo que es más importante.

Ocupado en esto y aquello; hay que hacer esto, hay que hacer aquello. A medida que los días se convierten en semanas, se pierde tu enfoque entre los afanes del día. Comienza lentamente, y poco después olvidarás tu tarea encomendada en esta batalla.

Tu tarea, en medio de tu guerra espiritual con el enemigo, es guardar tu relación con Jesús. Como creyentes, nuestra tarea número uno es amar al Señor nuestro Dios con todo nuestro corazón, con toda nuestra mente, con toda nuestra alma y con todas nuestras fuerzas. Después, amar a nuestro prójimo (todos los demás), pero este acto sacrificial depende de nosotros y de nuestra relación personal con Jesucristo.

El rey Salomón expresó la importancia de atender nuestra relación con Dios en el Cantar de los Cantares 1:6: *Me pusieron a cuidar las viñas, mas mi viña, que era mía, no guardé.* Estaba evaluando todos los errores que había cometido en su propia vida, mirando a su propia familia que había sido destruida. En ocasiones, Dios nos da responsabilidades para otros y las ponemos en primer lugar, pensando que seremos juzgados o evaluados por lo bien que cuidamos de esas "otras" cosas. Pero nuestro enfoque en el Señor debe permanecer como lo primero y más importante de todo. Todo lo demás fluye de esta relación. Si dejas de atender tu relación con Dios, como expresa Salomón, se estropearán las viñas que tienes bajo tu responsabilidad.

No te distraigas. Si lo haces, perderás esta relación con Dios y, por lo tanto, te perderás tú mismo. Empieza como algo pequeño y lento, y después poco a poco, si no tienes cuidado, el cambio irá tomando velocidad. Antes de que te des cuenta, estarás pensando cada vez menos en tu relación con Dios y enfocando en actividades y placeres mundanos. Al mirar al interior, tienes que guardar por encima de todo quien tú eres y tu relación con el Señor y Salvador.

De nuevo, el soldado de la historia no era un mal hombre, sino un hombre ocupado. Quizá incluso había estado intentando conseguir cosas para su familia y proveerles cierto estilo de vida. ¿Te suena familiar? La mayoría de las personas no planean desviarse de Dios. Por lo general, no rebajas tus estándares y transiges en las cosas a propósito, pero cuando eliminas el vallado de protección de la Palabra de Dios, su casa y su pueblo, y te ocupas con otras cosas, llega un día en el que te olvidas de tu primer amor y, en el proceso, te pierdes.

EL PRINCIPIO VIGILA

Vivimos en un tiempo sin precedentes. Las señales del regreso de Jesús están por dondequiera que miremos. Estamos viviendo en la era de la que hablaban los profetas de antaño, y es a la vez emocionante y aterrador. Pero nada de esto importa si Jesús te mira el día del juicio y dice: "Nunca te conocí".

Marcos 13:32-37 (NBV) ofrece un consejo profético y poderoso para la Iglesia actual y para nuestra vida hoy:

Pero en cuanto al día y la hora, nadie lo sabe, ni siquiera los ángeles del cielo, ni el Hijo. Solamente el Padre lo sabe. Por eso, estén alertas y vigilen, porque ustedes no saben cuándo llegará ese tiempo. Es como cuando un hombre se va de viaje y, al marcharse, deja su casa al cuidado de sus criados. A cada uno le deja una tarea y le ordena al portero que vigile. Así que, ustedes manténganse despiertos, porque no saben cuándo va a regresar el señor de la casa. No saben si volverá al atardecer, a la media noche, al canto del gallo o al amanecer. Por eso deben mantenerse alertas, no sea que venga de repente y los encuentre durmiendo. Lo que les digo a ustedes, se lo digo a todos: ¡Manténganse vigilantes!

Toma nota de estas últimas palabras: *Manténganse vigilantes*. En una de las cartas que Pablo escribió a Timoteo, reveló lo que sucede cuando no vigilamos: *Procura venir pronto a verme, porque Demas me ha desamparado, amando este mundo, y se ha ido a Tesalónica* (2 Timoteo 4:9-10). Aunque a Demas solo se le menciona tres veces en la Biblia, comenzó fuerte en el ministerio como aprendiz del mayor predicador que haya vivido jamás: Pablo. Demas viajó con Pablo, compartió las Buenas Nuevas y plantó iglesias con él, y por alguna razón desconocida, Demas desamparó a Pablo. Algunas traducciones usan la palabra *abandonar*. Aunque Demas comenzó con buenas intenciones e hizo valiosas aportaciones, descolocó sus afectos. Se alejó de la fe porque amó más el mundo que a su Señor. Si eso pudo sucederle a Demas, le podría suceder a cualquiera.

Quiero darte cinco aspectos de tu vida en los que debes *mantenerte vigilante* a fin de resistir:

Palabras

Actitud

Tentaciones

Carácter

Hogar

VIGILA TUS PALABRAS

Las palabras son muy poderosas, ya que pueden crear o destruir, edificar o derribar. *La muerte y la vida están en poder de la lengua; el que la ama, comerá de sus frutos* (Proverbios 18:21). Cada palabra que dices es una semilla que sale y crea el futuro. Manifiestas lo que dices.

Tenemos que enviar nuestras palabras en la dirección que queremos que vayan. O sea, tenemos que empezar a declarar victoria cuando estamos mirando derrota. Tenemos que empezar a hablar de sanidad cuando nos sentimos enfermos. Tenemos que empezar a hablar de bendición cuando estamos empezando a sentir carencia. Tenemos que empezar a hablar sobre continuar cuando tenemos ganas de abandonar.

Jesús nos dijo lo siguiente:

Tened fe en Dios. De cierto os digo que cualquiera que diga a este monte: "Quítate y arrójate en el mar", y no duda en su corazón, sino que cree que será hecho lo que dice, lo que diga le será hecho. Por tanto, os digo que todo lo que pidáis orando, creed que lo recibiréis, y os vendrá. (Marcos 11:22-24)

Jesús hizo hincapié en la importancia de lo que decimos. Vigilar nuestras palabras a veces significará no usar palabra alguna. Hay ocasiones en la vida en las que lo más sabio es no decir nada. Cuando Jesús estaba delante de Pilato, usó el silencio como una herramienta. Él sabía que las palabras no harían ningún bien en ese momento. Hay situaciones en las que tu poder vendrá de tu silencio, y no de tus palabras.

Palabras de muerte, depresión, disfunción y desesperación vienen de muchos lugares, incluyendo al enemigo, quienes nos rodean, y nuestro propio corazón. Satanás susurrará en tu oído y te dirá cosas que no son de Dios. Él te recordará tu adicción y te dirá que nunca vas a ser libre. O te dirá que nadie es capaz de amar a alguien tan caótico como tú, ni siquiera Dios. O que, si las personas supieran cómo eres realmente, nadie querría estar a tu lado. Nunca digas palabras que permitan al enemigo pensar que está ganando. Comienza hoy mismo a reconocer esas palabras que vienen a tu camino directamente de él. Está atento a cuándo aparecen esas palabras en lo que ves y oyes.

Vigila también las palabras que dicen los que están a tu alrededor. No tienes por qué repetir reportes negativos, ni tienes por qué compartir ninguna actitud fea o conducta temerosa. No conviertas tus oídos en un cubo de basura. Vigila las palabras que llegan a ti de otras personas.

Dios sabe que nuestra paz mental está vinculada a las palabras. Su Palabra dice: *¿Quién ha creído a nuestro anuncio y sobre quién se ha manifestado el brazo de Jehová?* (Isaías 53:1). En la Biblia, el "brazo de Jehová" se usa como referencia al poder de Dios para librar y a su cuidado providencial sobre cada acontecimiento de nuestras vidas. ¿Vas a escuchar las palabras de Dios, su comunicado de salvación? En este día, cuando oigas el mensaje del enemigo que quiere entrar a hurtadillas, quiero que declares esto en voz alta: "¡Tú aquí no entras! Tengo otro mensaje que dice que Dios me ama. Cristo derramó su sangre para liberarme, y Dios tiene un propósito y un plan para mi vida, ¡y son buenos!".

Dios va a estar atento a tus palabras esta semana. ¿Qué escuchará? El poder de la vida y de la muerte está en *tu* lengua.

NO CONVIERTAS TUS OÍDOS EN UN CUBO DE BASURA. VIGILA LAS PALABRAS QUE LLEGAN A TI DE OTRAS PERSONAS.

VIGILA TU ACTITUD

El hecho de que sucedan cosas malas no significa que tienes que estar enojado todo el tiempo. Satanás tiene un plan A original: impedir que las personas sean salvas. Si ese plan no funciona, Satanás tiene un plan B: hacerte sentir afligido. Nuestra actitud en circunstancias difíciles es más importante que lo que nos ocurra. Como nos dice Filipenses 2:5: *Haya, pues, en vosotros este sentir que hubo también en Cristo Jesús.*

Recuerdo un hermoso día en el que mi familia y yo estábamos montando a caballo cuando, de repente, el caballo de Cherise corcoveó y ella se cayó. Aunque se lesionó, pudo haber sido mucho peor. Se pudo haber quedado paralítica; pudo haber tenido una lesión en la cabeza. Yo me maravillé de su actitud, ya que no armó un berrinche ni se quejó. Aceptó el accidente como tal y decidió tener una buena actitud el resto del día y durante toda su recuperación.

A veces, el caballo corcovea inesperadamente y te caes. Te ensucias, tus planes se arruinan, quizá incluso te haces un esguince de tobillo. Es fácil enojarse o buscar alguien o algo a quien culpar, pero una mala actitud es como un neumático pinchado. ¡No llegarás muy lejos hasta que lo cambies!

El estado de tu actitud es una decisión. Escoge con sabiduría, y niégate a ser una persona negativa, enojada y mala que siempre encuentra algo de lo que quejarse. Llénate de fe, esperanza y amor. Vive como si tuvieras un sentimiento de propósito eterno, ¡porque lo tienes!

VIGILA TUS TENTACIONES

Un adolescente se acercó a su abuelo cierto día y le dijo: "Abuelo, estoy batallando mucho con una tentación. ¿Cuántos años tendré cuando ya no tenga tentaciones?".

Su abuelo le respondió: "No lo sé. ¡Yo solo tengo ochenta!".

La tentación es algo constante, y nadie está exento de ella. Somos tentados a rendirnos. Somos tentados a regresar a las cosas que superamos en el pasado. Somos tentados a ver algo que arruinará nuestro espíritu. Somos tentados a cometer excesos, chismear, mentir; la lista es interminable. Mientras estés vivo, incluso después de haber ayunado y orado, la tentación estará llamando a tu puerta, y es una llamada persistente. Vigila tus tentaciones. Te pueden costar todo lo que tienes.

A veces vamos adonde nos han advertido no ir. Rebajamos nuestras normas y convicciones, pensando: *Bueno, puedo parar cuando yo quiera. Cuando sea demasiado peligroso, puedo retirarme.* Dios te dejará ir donde quieras ir porque tienes libre albedrío, pero recuerda esto: en lugar de tener lo que quieras, llegará el momento en que esas tentaciones te tendrán a ti. Mira al interior y escucha esa pequeña y dulce voz del Espíritu Santo advirtiéndote que no vayas, o que regreses a casa, o, como dice la Biblia, ¡que huyas! El pecado puede ser emocionante al principio, pero finalmente te matará.

En este mismo momento te están estudiado; te están observando. El enemigo está tramando y planificando contra ti. No te puedes dar el lujo de relajarte o bajar la guardia. Te quieren en el infierno, así que debes tener cuidado con las cosas y las personas que permites entrar en tu vida. ¿Quién tiene permiso de hablarte? ¿Qué partes de tu corazón siguen descuidadas? ¿Qué estás viendo o escuchando? ¿Qué hábitos o conductas están limitando tu destino?

Vi un documental no hace mucho tiempo sobre los cuidadores profesionales de serpientes que les extraen el veneno. Para poder optar a este trabajo, necesitas un grado en biología, química, bioquímica o herpetología (el estudio de los reptiles). Si te estás preguntando por qué alguien puede estar interesado en extraer el veneno de las serpientes, es porque el veneno tiene un papel clave para crear un antiveneno. El veneno también se usa en algunos medicamentos para ataques cerebrales y cáncer. En este documental, algunos aprendices estaban viendo a un profesional de este campo que extraía el veneno a una serpiente. El profesional explicaba que la mayoría de las picaduras se producen no cuando agarras la serpiente, sino cuando la vas a dejar. ¡Esta advertencia me recordó el cuidado que debemos tener con lo que agarramos!

Es fácil adoptar un mal hábito, ¿verdad? La Biblia nos habla sobre *esas zorras pequeñas que destruyen las viñas* (Cantar de los Cantares 2:15). Un poco de pornografía, quizá una vez al mes al principio… O tomar un poco, solo algo de vino los viernes en la noche para relajarte después de una dura semana… O quizá perder el interés en asistir a la iglesia o a un grupo pequeño, y saltarte una reunión de vez en cuando… O quizá empezamos a asistir a algunos lugares que no nos van a ayudar a ser la mejor versión de nosotros mismos…

No son el oso, el león o el lobo los que destruyen la viña; son las zorras pequeñas las que la arruinan, mordisco a mordisco. Y, mientras más haces estas cosas, más te atrincheras en ellas. Cuando llega el momento de dejarlo, no es nada fácil.

Recuerda que eres un vencedor. No tienes que rendirte a los deseos de la carne. (En el capítulo 12 hablaremos más de esto). Jesús fue tentado, pero aguantó y resistió al enemigo. Él ha vencido al diablo y a cada trampa del enemigo; y, como Él ha vencido, tú puedes ser libre de todo hábito o adicción.

VIGILA TU CARÁCTER

Puedes liderar sin carácter, pero no serás un líder al que vale la pena seguir. Tu carácter siempre pesará más que tu puesto. Si dices que vas a hacer algo por alguien, hazlo. Si le prometes a alguien que estarás ahí a las 5:00 en punto, sé puntual. Si te ofreces como voluntario para ayudar a un amigo con su mudanza, no llegues en el último minuto solo porque quizá no fue la mejor idea haberte comprometido. El carácter es importante.

Cuando Abraham y Sara estaban de visita en un lugar llamado Gerar, el rey de esa región, Abimelec, echó un vistazo a Sara y cayó en la lujuria (ver Génesis 20). Aunque un harén de hermosas mujeres lo rodeaba cada día, no podía apartar los ojos de Sara. Por cierto, ella tenía 99 años en ese entonces. ¡Creo que todos querríamos tener lo que ella tuviera a esa edad!

Abraham no quería meterse en problemas con el rey, así que mintió y dijo que Sara era su hermana. Sara le siguió el juego. El rey se alegró mucho y lo arregló todo para que Sara lo visitara en su palacio. Esa noche, antes de que el rey Abimelec pudiera tocar a Sara, Dios se le apareció al rey en un sueño. Dios estaba furioso, y le dijo: *Vas a morir a causa de la mujer que has tomado, la cual es casada y tiene marido* (Génesis 20:3).

Cuando el rey Abimelec pudo levantar su mandíbula del suelo, tuvo esta conversación con el Señor:

> *Pero como Abimelec no se había llegado a ella, le respondió: «Señor, ¿matarás también al inocente? ¿No me dijo él: "Mi hermana es", y ella también dijo: "Es mi hermano"? Con sencillez de mi corazón y con limpieza de mis manos he hecho esto». Le dijo Dios en sueños: «Yo también sé que con integridad de tu corazón has hecho esto. Y también yo te detuve de pecar contra mí; por eso no permití que la tocaras. Ahora, pues, devuelve la mujer a su marido, porque es profeta y orará*

por ti para que vivas. Pero si no la devuelves, debes saber que de cierto morirás tú, y todos los tuyos». (Génesis 20:4-7)

Dios está más interesado en tu carácter que en tu comodidad. Examina tu carácter. Según Proverbios 10:9: *El que camina en integridad anda confiado, pero el que pervierte sus caminos sufrirá quebranto.* Siempre es el momento correcto para hacer lo correcto.

VIGILA TU HOGAR

Aparte de Dios, no hay nada más precioso para mí que mi familia, y ahora mis yernos y mis nietos. Mi familia, para mí, es más valiosa que el oro y la plata. Valen más que cualquier aplauso que el mundo pudiera ofrecerme y cualquier título o posición que pudiera obtener.

Entiendo que cada persona tiene una dinámica familiar distinta. Quizá tú no estás casado, o quizá estás divorciado y estás compartiendo la custodia de tus hijos. Tal vez no tienes hijos por decisión propia. Pero, sea cual sea nuestra dinámica, todos tenemos personas que entran en el círculo que llamamos hogar. Ya sea que tengas hijos o no, decide invertir en la siguiente generación.

No te preocupes tanto con las actividades y las rutinas, a tal grado que te abrumes tanto con las responsabilidades (¡sé que son muchas!), que tu prioridad de amar y servir a tu familia se quede atrás. Hoy día, estar ocupado parece ser sinónimo de éxito. Muchos nos quejamos de tener poco tiempo y de no tener las energías ni las horas necesarias para invertir en nuestras relaciones con nuestro cónyuge y nuestros hijos. Haz tiempo para tu familia. Juega con ellos. Llévalos fuera sin ninguna razón en particular. Escúchalos más y habla menos. En lugar de conformarte con llevarlos a la iglesia los domingos, muéstrales el amor de Cristo durante la semana.

> *CUANDO ORAS Y TE APOYAS EN LA PALABRA DE DIOS, ESTÁS BLANDIENDO DOS DE LAS ARMAS MÁS GRANDES DE DIOS, NO SOLO PARA TI SINO TAMBIÉN PARA TU HOGAR.*

La Biblia nos dice que Lot, el sobrino de Abraham, en cierta ocasión fue secuestrado. El padre de Lot, hermano de Abraham, había muerto, así que Abraham se ocupó de Lot como si fuera su propio hijo. Cuando Lot fue capturado por cinco ejércitos enemigos, Abraham sabía que, si intentaba coordinar un intento de rescate, estaría claramente en desventaja numérica, pero aun así lo hizo. Abraham estaba dispuesto a pagar el precio que fuera necesario para recuperar a su sobrino, y con la gracia de Dios, su plan funcionó.

Ora por tus hijos, tus sobrinos y sobrinas, los amigos de tus hijos, y esos chicos a los que enseñas o cuidas. Decide que esos chicos serán fructíferos en el reino de Dios y que el infierno no los tendrá, en el nombre de Jesús. Cuando oras y te apoyas en la Palabra de Dios, estás blandiendo dos de las armas más grandes de Dios, no solo para ti sino también para tu hogar.

CUIDADO CON EL MAYOR ATAQUE DE SATANÁS: LA OFENSA

Además de poner en práctica el principio *VIGILA*, hay algo de lo que también debemos guardarnos vigilantemente: la ofensa. En estos últimos tiempos, veo el ataque de Satanás sobre los creyentes y también los no creyentes a través del espíritu de la ofensa.

La ofensa avanza desenfrenadamente en la Iglesia. Mediante la ofensa, el enemigo intenta constantemente hacer descarrilar la vida victoriosa del creyente. Jesús nos advirtió de esto mismo:

Muchos entonces serán escandalizados; y se entregarán unos a otros, y unos a otros se aborrecerán. Y muchos falsos profetas

se levantarán y engañarán a muchos. Y por haberse multipli-
cado la maldad, la caridad de muchos se enfriará. Mas el que
perseverare hasta el fin, éste será salvo.

(Mateo 24:10-13, JBS)

Estoy seguro de que conoces al menos a una persona que haya dejado de asistir a la iglesia o de escuchar cualquier cosa relacionada con Jesús porque se ofendió o se escandalizó por lo que dijo o hizo algún cristiano. Quizá la persona se sintió insultada porque el pastor de una iglesia que él o ella visitaba habló sobre diezmar. Tal vez salió en las noticias que otro líder más de una iglesia se vio involucrado en un escándalo. Quizá a esa persona no le gustaba una enseñanza de la Biblia porque parecía anticuada.

El Nuevo Testamento alude diecisiete veces a alguien que se ofende, mientras que la palabra *ofensa* se menciona dieciséis veces. Una de las principales palabras traducidas como *ofensa* en el Nuevo Testamento es la palabra griega *skandalon*. Se define como "propiamente, el cierre de una trampa (el mecanismo que cierra una trampa ante la ignorancia de la víctima); (figuradamente) una *ofensa*, poner en marcha *una relación causa-efecto negativa*".[4] Satanás siempre está poniendo trampas para atraparte. Él quiere que te ofendas para así poder robarte los milagros que Jesús quiere hacer por ti.

Hay dos versículos en el Evangelio de Mateo que hablan poderosamente de los peligrosos efectos de la ofensa en la vida de un creyente. Primero, al explicar la parábola del sembrador, Jesús dice en Mateo 13:20-21:

El que fue sembrado en pedregales es el que oye la palabra y al
momento la recibe con gozo, pero no tiene raíz en sí, sino que
es de corta duración, pues al venir la aflicción o la persecución
por causa de la palabra, luego tropieza.

En la versión inglesa King James, el verbo "tropieza" se traduce como "se ofende". Después, tenemos Mateo 13:53-58:

> *Aconteció que cuando terminó Jesús estas parábolas, se fue de allí. Vino a su tierra y les enseñaba en la sinagoga de ellos, de tal manera que se maravillaban y decían: —¿De dónde saca éste esta sabiduría y estos milagros? ¿No es éste el hijo del carpintero? ¿No se llama su madre María [...] ¿De dónde, pues, saca éste todas estas cosas? Y se escandalizaban de él.*

> *Pero Jesús les dijo: —No hay profeta sin honra, sino en su propia tierra y en su casa. Y no hizo allí muchos milagros debido a la incredulidad de ellos.*

En estos dos pasajes en particular, la Palabra de Dios muestra que, cuando caemos en la trampa de la ofensa, los milagros cesan. Quizá el Espíritu Santo se está moviendo en una iglesia, pero si las personas albergan ofensa en sus corazones, el Espíritu cerrará un mover sobrenatural de Dios. Deja la justicia y la venganza a Dios. No te quedes sin tus milagros por culpa de la ofensa.

Cuando David se ofreció como voluntario para luchar contra Goliat, sus hermanos se pusieron celosos y comenzaron a lanzarle improperios y a burlarse. Su hermano mayor, Eliab, le gritó lleno de ira: *¿Para qué has descendido acá? ¿A quién has dejado aquellas pocas ovejas en el desierto? Yo conozco tu soberbia y la malicia de tu corazón; has venido para ver la batalla* (1 Samuel 17:28). Estos hermanos preferían que David se ocupara de sus cosas y de cuidar las ovejas antes que luchar contra un gigante. David tuvo que saltarse la ofensa de sus hermanos que lo menospreciaron. Él no les prestó atención, pues de haberlo hecho, eso le podría haber robado el milagro de matar a Goliat.

Nunca matarás al gigante en tu vida hasta que primero sueltes la ofensa. Entonces, Dios comenzará a pelear las batallas por ti.

Mientras esperaba en la cárcel para ser ejecutado, Juan el Bautista envió a decir a través de sus discípulos que le preguntaran a Jesús si Él era verdaderamente el Mesías (ver Mateo 11:2-3). Este era el razonamiento de Juan: si Cristo fuera el Mesías hacedor de milagros, tendría el poder de sacar a Juan de la cárcel. Si Cristo no era el Mesías, entonces el ministerio de Juan estaba incompleto, y de algún modo sería liberado para seguir predicando a su congregación en el desierto junto al río Jordán, hasta que apareciera el verdadero Mesías.

Jesús respondió a los discípulos de Juan que volvieran a Juan y le dijeran que los ciegos veían, los sordos oían, los leprosos eran sanados, los muertos resucitaban y los pobres estaban abrazando el evangelio (ver vv. 4-5). Entonces Jesús hizo una poderosa afirmación para que los discípulos de Juan se la transmitieran: *Y bienaventurado es el que no se escandaliza de mí* (v. 6, LBLA).

Juan no murió ofendido con Cristo. Nosotros no debemos morir con ofensas en nuestro corazón. Cuando las respuestas que recibimos no cumplen nuestras expectativas, debemos confiar en que Dios conoce nuestra situación y sigue obrando a fin de que todo sea para nuestro bien.

Al igual que Juan, el apóstol Pablo también aprendió a no ofenderse. Un grupo de judíos celosos odiaban a Pablo porque detestaban su conversión a Cristo. Este grupo presentó falsas acusaciones contra él, acusándolo delante de las autoridades de crear disturbios, profanar el templo, y provocar sedición entre todos los judíos del mundo (ver Hechos 24:5-6). Estos cargos exigían que Pablo compareciera ante el gobernador y se defendiera. Había sufrido mentiras y abuso verbal, y estos hombres despiadados habían asaltado su carácter; sin embargo, Pablo no se resintió por ello. Es más, dijo en su declaración de defensa: *Por esto procuro tener siempre una conciencia sin ofensa ante Dios y ante los hombres* (Hechos 24:16).

¿Cómo sabes si estás albergando una ofensa? Si tienes el hábito de seguir hablando y pensando en lo que te ocurrió o en quien te hizo daño, y si anhelas venganza, sigues ofendido. ¿Cómo puedes deshacerte de esta ofensa? Nadie puede hacerlo por ti. Así como tampoco nadie puede hacer por ti las sentadillas y las flexiones. La palabra *ejercicio* significa entrenar, y por lógica, alude a esforzarse por algo. Vivir sin estar ofendido es algo para lo que tienes que entrenar tu mente y tu espíritu, esforzándote siempre por mantener tu conciencia limpia de la neblina cerebral que produjeron las ofensas. Si no tienes un espíritu saludable, tienes que mirar al interior. Pídele a Dios que cree en ti un corazón limpio y un espíritu recto (ver Salmos 51:10). Él lo hará. Siempre lo hace.

EL REMEDIO: PERDONA

Como las ofensas serán evidentes en los últimos días, tenemos que conocer cuál es la solución bíblica para la ofensa: el perdón. El perdón trae libertad. Si has caído en la ofensa y quieres ser libre del mayor ataque de Satanás, tienes que ir por todas y perdonar, una y otra vez, etapa tras etapa.

El perdón es tan importante, que hay una frase en el Padrenuestro que dice: *Y perdónanos nuestras deudas, como también nosotros perdonamos a nuestros deudores* (Mateo 6:12, RVR 1960). La palabra griega traducida como deuda aquí, *opheiléma*, no es solo algo que se debe, sino que también se refiere a algún tipo de falta moral.[5]

Perdonar a otra persona que nos ha ofendido no es opcional; es un mandato. Como el Señor nos ha perdonado, eliminando nuestros pecados y dándonos el regalo gratuito de la vida eterna, Él nos exige que perdonemos a otros. Nosotros perdonamos como hemos sido perdonados (ver Colosenses 3:13). Cristo nos advirtió que, si no perdonamos a nuestros hermanos y hermanas sus ofensas, nuestro Padre celestial no nos perdonará las nuestras (ver

Mateo 6:15). Incluso nuestros donativos financieros no serán bendecidos si damos con un corazón rencoroso, como dice en Mateo 5:23-24: *Por tanto, si traes tu ofrenda al altar y allí te acuerdas de que tu hermano tiene algo contra ti, deja allí tu ofrenda delante del altar y ve, reconcíliate primero con tu hermano, y entonces vuelve y presenta tu ofrenda.*

Jesús dijo: *Mas el que persevere hasta el fin, este será salvo* (Mateo 24:13, RVR 1960). La palabra griega para *persevere* usada en este versículo es *hupomeno*, que significa "mantenerse debajo (detrás), por ejemplo, quedarse; figuradamente, atravesar, por ejemplo, soportar (pruebas), tener fortaleza, perseverar: habitar, aguantar, (aceptar) pacientemente, sufrir, retrasarse atrás".[6] Cuando te han ofendido o traicionado, tienes que ser capaz de aguantar bajo el impacto emocional y espiritual. Si puedes perdonar una ofensa y no vengarte o enfurecerte y llenarte de rencor, desarrollarás una actitud de perdón. No espero que no te duela o que no te sientas decepcionado o traicionado cuando él o ella te ha ofendido. ¡Perdonar no es fácil y exige un trabajo interno! Pero el perdón es un remedio para la ofensa, y siempre produce sanidad y libertad.

Si permites que una ofensa se infecte, se convertirá en un arma poderosa en manos de tu adversario, Satanás. Un espíritu ofendido le da pie al enemigo: algo que puede utilizar en tu vida diaria. Cuando sueltas a otros que te han herido y continúas, arrebatas la fuerza del arma de la mano de tu adversario.

Perdonar puede ser difícil. Perdonamos a otros para conseguir renovación y refrigerio rompiendo la tenaza que la ofensa y el ofensor ejercían sobre nosotros. Mientras nos neguemos a perdonar a nuestro ofensor, tal persona aún tiene un cuchillo clavado en nuestro corazón. Cuando decidimos perdonar a otros y nos demoramos (o nos tomamos un tiempo) en comunión con Dios, se produce una transacción en nuestra alma. Jesús eliminará el enojo, el dolor, el rencor, la herida, la vergüenza y la amargura de nosotros y las reemplazará por una porción más grande de las recompensas que podemos recibir a través de su Espíritu, recompensas como sanidad, alegría, gozo y una herencia en Dios.

PROGRAMA EVALUACIONES ESPIRITUALES

Todos pelearemos batallas interiores en esta vida. Antes de pedirle a Dios respuestas a los problemas que nos aquejan en esta tierra, tenemos la obligación de hacer una introspección. Debemos mirar primero al interior. A veces, el tiempo que empleamos juzgando a otros o rogándole a Dios que nos dé señales o explicaciones es mejor emplearlo en hacer una evaluación interna. ¿Estamos viviendo con la misma integridad en privado que en público? ¿Estamos guardando nuestro corazón de lo que puede destruirnos? ¿Qué está saliendo de nuestra boca: fatalismo, o esperanza y avivamiento?

Cuando Jesús contó la parábola del sembrador y las semillas, las semillas tenían uno de cuatro resultados posibles. Algunas semillas cayeron junto al camino, algunas cayeron entre las piedras, algunas echaron raíces en buena tierra al principio, pero después se ahogaron con los espinos. Finalmente, algunas semillas cayeron en buena tierra. Tres de los cuatro grupos de semillas no lo consiguieron. Solo un grupo se mantuvo arraigado en buena tierra y llegó a ser productivo no solo durante un tiempo, sino a largo plazo.

Al llegar a la meta, dedica un tiempo a examinarte a ti mismo. Un avión en vuelo que se desvíe tan solo un grado de su destino previsto puede terminar a cientos de kilómetros de distancia de ese destino. Y, si se queda sin combustible, bueno, solo irá a un lugar: hacia abajo.

Dedica tiempo a hacer evaluaciones espirituales. Sí, vigila el regreso del Señor para que estés listo, pero vigila lo que puedes controlar, cambiar y desarrollar ahora. ¡Vigílate a ti mismo! Y acuérdate de dar el Paso 1 que te ayudará a vencer:

MIRAR AL INTERIOR

Porque Jehová no mira lo que mira el hombre,
pues el hombre mira lo que está delante de sus ojos,
pero Jehová mira el corazón.
1 Samuel 16:7

4

PASO 2: MIRARLO A ÉL

Tino Wallenda es la sexta generación de funambulistas en la familia Wallenda, acróbatas circenses que no usan redes de seguridad. Su legado comenzó a finales de la década de 1700, cuando la familia de Tino comenzó como una compañía de circo viajando por Europa. Finalmente, se enfocaron en su destreza en números sobre la cuerda floja y llegaron a ser conocidos como Los Wallenda Voladores. Esta famosa familia está incluida en el *Libro Guinness de los Records Mundiales* por su pirámide de ocho personas sobre el alambre.

Tino ha caminado sobre el alambre entre altos edificios, el más alto el de la torre Denver D&F Tower, con una altura de más de 57 metros. Caminó hasta la torre desde una grúa que se montó a mil metros de distancia. También ha caminado por el alambre sobre ríos, sobre cataratas, sobre tigres, y una vez sobre una piscina llena con más de cincuenta tiburones que comen carne humana.

El abuelo de Tino, Karl Wallenda, que cruzó las cataratas Tallulah Falls Gorge y realizó dos pinos sobre su cabeza en medio de ese recorrido, le enseñó a Tino a guardar el equilibrio sobre el alambre. Tino dice de su abuelo:

> Mantenerse enfocado en Jesús es la clave, al margen de dónde estés. Es igual que lo que me enseñó mi abuelo Karl sobre caminar sobre el alambre. Lo más importante que me enseñó fue a poner mi enfoque sobre un punto inmóvil al final del alambre y no cambiar nunca mi atención. Una y otra vez me inculcó en la cabeza la importancia de mantener el equilibrio, enfocándome en ese punto fijo. Esa lección me ha salvado del desastre en la cuerda floja muchas veces en mi carrera, pero también me ha ayudado en mi vida cotidiana.[1]

En cuanto la vida se empieza a poner abrumadora, tendemos a dejar de mirar a Jesús y nos enfocamos más en el problema. No podemos dejar de pensar en la adicción que está asolando nuestro espacio cerebral y destruyendo nuestro matrimonio, o la ansiedad que nos obliga a quedarnos en la cama todo el día. Sin embargo, en el momento en que entregaste tu vida a Jesús, Él comenzó a dirigir tu camino (ver Proverbios 3:5-6), y aunque su plan para ti sin duda que incluye tormentas, también contiene un rescate. La vida demanda fe para soportar las tormentas. En una ocasión escuché a alguien decir que, o estamos en una tormenta, de camino a una tormenta, o saliendo de una tormenta. Tengo la sensación de que, si estás leyendo este libro, estarás familiarizado con el tiempo tormentoso en un sentido metafórico. Muchas veces he estado al borde del desastre por poner mis ojos en la tormenta y no en el punto fijo: Jesús.

Estés donde estés en este momento, tengo una palabra para ti. El mensaje que Dios quiere que todos los creyentes abracen es lo que Jesús dijo a los discípulos en Mateo 24:6: *Mirad que no os turbéis*. Eso puede resultar difícil de hacer cuando estás cuidando un corazón roto, cuando se vence el pago de la renta y no tienes suficiente en la cuenta bancaria, cuando te estás recuperando por tercera vez. Pero las palabras de Jesús tienen el mismo poder hoy que cuando se las dijo a los discípulos. Puede que la escena sea otra, pero la verdad no ha cambiado, ni lo más mínimo. A través de todo el temor, la ansiedad y la confusión en tu corazón ahora mismo, permanece en sus palabras: *Mirad que no os turbéis*.

¿Cómo lo haces? Mantén tus ojos en Jesús. El mejor consejo que puedo darte es el Paso 2: *mirarlo a Él*.

LECCIONES DE SUPERVIVENCIA

Mirar a Jesús es el ejemplo para sobrevivir a las tormentas de la vida. Es lo que Pedro descubrió cuando salió de la barca y comenzó a caminar sobre las aguas hacia Jesús. Quiero usar esta historia como un ancla para este segundo paso para vencer en los últimos tiempos: *mirarlo a Él*.

Los Evangelios narran la historia del día en que Jesús hizo que sus discípulos subieran a la barca y fueran al otro lado del mar de Galilea. Cuando fui a Israel por primera vez y estuve ante el famoso mar de Galilea, ¡pensé que el autobús se había equivocado de lugar! No era un mar como yo me lo había imaginado, como el Océano Atlántico o el Pacífico, con una vista interminable de agua y donde no se ve la tierra. El mar de Galilea me parecía muy pequeño, más parecido a un lago. Tiene la forma de un arpa y unos veinte kilómetros de longitud por trece de anchura. Pero quizá se llama mar por los tipos de tormentas que se pueden producir repentinamente en el agua, creando olas de casi metro y medio de altura. Las tempestades llegan cuando las masas de aire frío de las montañas circundantes colisionan con el aire cálido que hay por encima del lago. Los fuertes vientos también pueden soplar desde los orientales Altos del Golán.

Fui testigo de este tipo de conducta turbulenta de primera mano. Acababa de terminar de predicar un mensaje sobre el mar de Galilea (literalmente) cuando el capitán dijo: "Escuchen todos, ¡tenemos que irnos de inmediato!". Tan solo unos minutos después, se produjo de la nada una de las tormentas más intensas que he visto jamás. La abrupta tormenta me ayudó a entender cómo se sintieron los discípulos ese día.

Mientras los discípulos se alejaban navegando, Jesús se quedó atrás, para ir un rato a solas a orar al monte. Cuando llegó la noche, surgió una tormenta sobre el agua. Los discípulos lucharon contra el viento y las olas toda la noche. Cuando llegó la cuarta y última vigilia, alrededor de las tres de la mañana, los hombres petrificados, calados hasta los huesos, vieron algo parecido a un fantasma que caminaba sobre el agua. Era Jesús. Me imagino que los discípulos, limpiándose el agua de los ojos, se esforzaban mucho por no hiperventilar al contemplar este cuadro. Entonces Jesús les dijo: *Tened ánimo, soy yo, no temáis* (Mateo 14:27, LBLA).

Al ver a Jesús, Pedro se armó de valor, y le pidió a Jesús que le ordenara ir hacia Él caminando sobre el violento mar. Jesús le dijo a Pedro que fuera, y el discípulo salió del tambaleante bote. Me imagino la impresión de este hombre empapado mientras las agitadas olas se enturbiaban sobre sus pies, con la lluvia cayéndole de costado. A unos pocos pasos de distancia, el feroz aliento del viento casi le hizo perder el equilibrio. El temor se apoderó de su corazón, y Pedro comenzó a hundirse.

Inmediatamente, Jesús lo levantó y dijo: *"¡Hombre de poca fe! ¿Por qué dudaste?"* (v. 31, LBLA). Mientras los dos subían a la barca que se movía de un lado a otro sobre el agitado mar, de repente se produjo la calma. Las olas se calmaron; el viento detuvo su penetrante silbido; y la lluvia cesó.

Aunque pudo habérselo parecido a los discípulos, Jesús no les había dejado solos en la tormenta. Él estuvo con ellos sobre el agua tanto como estuvo con ellos mientras estaba orando en la ladera de la montaña. Jesús no estaba ciego o distraído. Él había visto lo que había ocurrido, desde el momento en que los discípulos comenzaron a remar alejándose de la orilla hasta el momento en que las nubes de la tormenta fracturaron el cielo, y Él apareció de forma física justo a tiempo.

Tengo buenas noticias para ti: Jesús no se ha ido a ningún sitio. Así como estuvo con Pedro cuando caminaba sobre el agua, está aquí mismo para salvarte a ti. Quizá estás abrumado por la culpa por los años malgastados, o estás agobiado de temor porque las noticias solo desprenden negatividad, violencia y desesperanza. Respira. Ahora mismo. Tu esperanza no se ha ido. Tu futuro está asegurado. El conjunto de circunstancias en el que te encuentras es solo temporal, y no una sentencia.

NO APARTES TUS OJOS DE JESÚS; MÍRALO A ÉL. ¡TE TIENE!

REMANDO POR MANDATO DIVINO

Aquí hay algo que me impresiona cuando leo esta historia de caminar sobre el agua: Jesús *hizo* que los discípulos fueran al otro lado del mar. La versión Reina-Valera 1960 lo dice así: *En seguida Jesús hizo a sus discípulos entrar en la barca e ir delante de él a la otra ribera* (Mateo 14:22). *Hizo* es una palabra fuerte. Jesús no les dio otra opción a estos muchachos. Hizo que fueran. Ellos no estaban en medio de una tormenta porque habían metido la pata o habían fallado en algo. Estaban ahí por mandato divino.

Jesús los puso en medio de la tormenta. Él sabía que recibirían revelaciones en la tormenta que nunca aprenderían en la seguridad de la orilla.

Has de saber que, si estás leyendo este libro hoy, los vientos están soplando y las olas están creciendo en tu vida, Dios no creó la tormenta para hacerte daño. Él te ha permitido estar exactamente donde estás para enseñarte cosas que solo puedes aprender en una tormenta. Incluso cuando tomas malas decisiones y tú mismo creas tormentas que podías haber evitado, Dios sigue estando contigo. Él te dice hoy: *Yo soy el Dios que tiene el gobierno sobre tu vida, llamado "mandato divino", e incluso en medio de esta lucha, vencerás.*

Lo más fundamental que puedes hacer en una tormenta es seguir remando. Cuando en 2011 murió el hijo recién nacido de P. J. Fleck, actual entrenador de fútbol del equipo de los Golden Gophers de la Universidad de Minnesota (mientras escribo este libro), él desarrolló un lema para hacer frente a la vida durante esa terrible tormenta. Lo llamó "Rema en la barca". Hablando de esta nueva perspectiva de la vida, Fleck dice:

> Vas de espaldas al futuro, lo cual es algo que no puedes controlar… No sabes si hay piedras, cataratas, mares tormentosos, no sabes lo que te espera. Estás remando en el presente, que es lo único que puedes controlar, y lo único que puedes cambiar de alguna manera. O bien decides tomar los remos y volver a dejarlos en la barca y detenerte, o los pones de nuevo en el agua y sigues avanzando.[2]

El entrenador Fleck se refiere a los remos como la energía, un símbolo de fuerza. Me gusta pensar que los remos necesarios para perseverar y vencer en una tormenta son la adoración y la fe.

Satanás quiere que dejes los remos y abandones. Quiere que te lleves las manos a la cabeza desesperado, y que digas: *¿Qué sentido tiene?* Él te distraerá para que no oigas música de adoración o mensajes poderosos sobre la fe porque sabe que el poder se encuentra en esas dos cosas: un poder que puede mover una montaña y calmar una tormenta.

Cuando mires a Jesús en cualquier tormenta, enfócate en las promesas de Dios. Sus promesas refuerzan tu fe. Piensa en Job y en todo lo que atravesó cuando perdió su comodidad y estabilidad. Su primera reacción natural quizá fue abandonar, pero usó los dos remos de la adoración y la fe para permanecer y confiar en Dios.

Cuando Dios te ve adorar, te ve activando tu fe. Él observa cómo continúas en medio del desánimo y le das gloria a Él, y es entonces cuando interviene. Cuando la situación familiar es dura, el aprieto económico es abrumador, y la enfermedad parece imposible de soportar, respira y alza tus manos, diciendo: *Dios, aquí estoy. Sigo avanzando. Sigo remando con mis remos de adoración y fe, y no me rendiré hasta que tú intervengas.*

NUNCA DEJES QUE LA DIRECCIÓN DEL VIENTO DETERMINE SI CREES QUE DIOS ESTÁ CONTIGO O NO.

No tienes que impresionar a Dios con palabras grandilocuentes. Exhala tu fe a través de tus palabras, en el lenguaje sencillo que tú utilices. Así es como avanzas, remo a remo.

A veces tienes el viento de espaldas, y parece que todo te sale bien. Estás haciendo lo correcto en todos los frentes, y quizá piensas que el resultado será el favor de Dios y sus bendiciones derramadas sobre tu vida. Pero, otras veces, el viento sopla directamente de cara, y te parece como si todo fuera en contra tuya. Nunca dejes que la dirección del viento determine si crees que Dios está contigo o no. Él siempre está contigo, y solo porque las cosas no vayan de cara no significa que estás haciendo algo mal. Rema en tu barca, y sigue remando.

Los discípulos no dejaron de remar, y Jesús lo vio. Esto es clave. Los discípulos no se quedaron ahí sin hacer nada. Estaban luchando. Jesús los vio mientras se esforzaban y sudaban, con los músculos doloridos, y se acercó a ellos (ver Marcos 6:48). Quiero que sepas hoy que el hecho de que no puedas ver a Jesús no significa que Él no te ve a ti. Él vio a sus discípulos remando en medio de una fuerte tormenta, al igual que te ve a ti en medio de tu crisis. Él es el Dios de provisión en la orilla y el Dios de milagros en medio de tus tormentas. Así como los discípulos remaron con todas sus fuerzas, tú también puedes usar los remos de la adoración y la fe para remar, sabiendo que te llevarán hasta donde Dios quiere que vayas.

Proverbios 15:3 dice que los ojos del Señor están en todas partes, contemplando el mal y el bien. Dios ve las veces en que tropezaste y caíste en pecado, pero también ve lo bueno de tu vida. Él ve la justicia de Jesús en ti. Él ve tu fe y tu alabanza. Él ve tu disposición a no rendirte. Él ve que crees y te aferras. Tu Dios ve lo bueno, y eso debería producirte un gran consuelo. Cree en la promesa de que Él nunca te dejará ni te abandonará. Él nunca te abandonará en la tormenta.

Sigue adorando. Sigue creyendo. No te rindas.

Yo no sé cómo se verá para ti la liberación de una tormenta. Podrías caminar sobre el agua. Podrías quedarte en la barca, o quizá llegar a la otra orilla con el mar aún embravecido. No construyas tu propia salida. Deja que Dios lo haga a su manera.

A veces, realmente no descubres quién es Jesús hasta que atraviesas una tormenta. Realmente no descubres cuán fiel, amoroso y misericordioso es Él hasta que necesitas desesperadamente un Salvador. Quizá estás en una tormenta ahora mismo y parece que aún no ves ni rastro de Jesús. Tan solo sigue buscándolo. Él llegará caminando sobre el desafío que está a punto de hundirte y calmará tu tormenta, de tal modo que la única respuesta razonable será adorarlo y declarar: *¡Realmente eres el Hijo de Dios!*

La lección más poderosa de toda esta historia de los discípulos en medio de la tormenta no se encuentra en el milagro de que Pedro fuera capaz de caminar sobre el agua. Se encuentra en la profunda revelación de quién es Jesús realmente. El milagro no siempre es la revelación.

La alimentación de miles no fue el primer milagro que vieron los discípulos. Habían visto el agua convertirse en vino, y a los ciegos recuperar la vista. Habían visto miembros atrofiados recuperar la normalidad, y habían sido testigos de cómo los demonios salían de las personas. Pero sus dudas aún se cocían a fuego lento. No entendían quién era Jesús. Fue necesaria una terrible tormenta para que no solo vieran su poder, sino también su autoridad. Finalmente, tuvieron un cuadro más completo de Aquel a quien se habían comprometido a seguir. Cuando Él extendió su mano mientras las olas chocaban contra su túnica y el viento dejaba de soplar, todos en la barca reconocieron que Jesús era el Hijo de Dios. Quien Él es, siempre será mayor que lo que hace.

RECOGE LOS PEDAZOS DE PAN

Cuando te duelen los brazos y estás entumecido o agotado de remar, echa la vista atrás y recuerda todas las veces que Dios ha acudido a rescatarte. Antes de que Jesús dijera a sus discípulos que subieran a la barca, se había producido otro milagro. Leemos en Marcos 6:30-44 que Jesús estaba hablando a una multitud de cerca de diez mil personas. Marcos dice que había cinco mil hombres, pero esa cifra sería al menos el doble si contáramos a las mujeres y los niños. Se acercaba la hora de cenar, y la multitud comenzaba a tener hambre. Jesús usó milagrosamente la merienda de un niño, que consistía en cinco peces y dos panes, para alimentar a todos, ¡además de las doce cestas que sobraron! Después, Jesús despidió a todos e hizo que los discípulos iniciaran el viaje en barca divinamente orquestado.

Después de que Pedro había caminado sobre el agua y casi se había hundido y ahogado, leemos que cuando él y Jesús regresaron a la barca, los discípulos *se asustaron mucho, y se maravillaban, pues aún no habían entendido lo de los panes, por cuanto estaban endurecidos sus corazones* (Marcos 6:51-52, RVR 1995). En otras palabras, no habían entendido que el milagro del que habían sido testigos antes de la tormenta era un ejemplo de que podían confiar en que Jesús proveería. Piénsalo. El milagro de la alimentación de miles que hizo Jesús había ocurrido tan solo unas horas antes. Se nos olvida muy rápido lo positivo.

Cuando los discípulos estaban siendo azotados por el viento y golpeados por las olas, estoy seguro de que aún les olían los dedos a pescado y que tenían la tripa llena de carbohidratos. Si Jesús pudo alimentar a miles con la merienda de un niño, ¿acaso no podía salvarlos de los elementos meteorológicos? Y, si Jesús pudo darle a Pedro la capacidad para caminar sobre el tempestuoso mar, ¿no iba a ser capaz de sostener a este discípulo para caminar unos cuantos pasos más hasta llegar al lado de Jesús mientras la tormenta arreciaba? Por eso, cuando Pedro comenzó a hundirse en el mar, Jesús dijo: "*¡Hombre de poca fe! ¿Por qué dudaste?*" (Mateo 14:31).

Jesús quería que Pedro se acordara de los peces y los panes, recordatorios de que Él podía proveer, y a eso me refiero cuando digo "recoge los pedazos de pan". Nunca olvides lo que Dios ha hecho por ti. Deja que esos recuerdos te impulsen cuando una ola de rencor te revuelque por el suelo.

Las etapas difíciles llegan. La economía se derrumba, un ser querido se enferma, pierdes el trabajo, la medicina no calma tu ansiedad, una racha de malas decisiones se convierte en un colapso mental. A veces, la tormenta es culpa nuestra y otras veces no, pero cuando estés en un momento en el que sabes que necesitas un milagro, recoge los pedazos de pan del último milagro. Recuerda cómo Dios impidió que entraras en quiebra o cómo te dio las fuerzas para seguir cuando habías perdido algo o a algún ser querido. Recuerda la fidelidad que te mostró cuando no te la merecías ni lo más mínimo.

Si te tomas el tiempo de respirar y meditar, podrás recordar que Dios no te dejará. Si estás enfrentando problemas, cierra los ojos y fija tu mirada en las manos de Jesús atravesadas por los clavos, y recuerda que Él dio voluntariamente su vida por la tuya.

UNA SEGUNDA TORMENTA

Además de la historia de Pedro caminando sobre el agua, hay otra tormenta muy conocida que narra el Evangelio de Lucas. El mismo reparto de personajes estaba presente, pero con una lección totalmente nueva que aprender. Lucas 8 narra la ocasión en que Jesús subió a una barca en el mismo mar e invitó a los discípulos a subir, diciendo: *Pasemos al otro lado del lago* (Lucas 8:22). En griego, las palabras "otro lado" son un derivado de la palabra *peiro*, que significa "atravesar", "más allá, al otro lado" o "cruzar".[3] Yo veo aquí una perla espiritual escondida en la frase de Jesús: para llegar donde tenemos que estar será necesario atravesar las circunstancias que nos lo impiden.

Cuando los discípulos comenzaron a remar para cruzar el lago, Jesús se quedó dormido; y, mientras el clima cambiaba y el cielo se ennegrecía y vaciaba toda su furia, Él seguía durmiendo. Lucas 8:23 nos dice que llegó un punto en el que los discípulos estaban en peligro. La barca se estaba llenando de agua. Esta situación empezaba a ser de vida o muerte, pero Jesús seguía durmiendo. ¿Cómo podía ser? ¿Por qué no se despertaba y se unía al pánico? Creo que es porque Él sabía que su palabra ya había sido declarada sobre la situación. Antes de subir a la barca, Él no había dicho: "*Voy al otro lado*", sino que había incluido a sus discípulos: "*pasemos al otro lado del lago*". El verbo en plural marca la diferencia. El plan era llegar al destino juntos.

Los discípulos se acercaron a Cristo llenos de miedo, lo despertaron y dijeron: ¡*Maestro, Maestro, que perecemos!* (v. 24). Observa que dijeron *perecemos*, lo cual parecía excluir a Jesús de este proceso de perecer. Ellos no dijeron: "*Estás* a punto de perecer... ¡*Vas* a morir! Jesús, ¡*te* estás hundiendo!*". Quizá tenían fe para *Él* y no para *ellos* mismos.

Cuando los discípulos despertaron a Jesús, Él de inmediato "*reprendió al viento y a las olas*" (v. 24). La palabra *reprendió* conlleva la idea de censurar algo, como cuando Jesús reprendió a los demonios y después les prohibió hablar (ver Lucas 4:41). Al reprender la tormenta, Cristo estaba tomando autoridad sobre la causa primordial de un conflicto. Reprendió al viento y también la furia del agua, que probablemente golpeaba violentamente contra la barca. Las barcas de madera se podían romper si persistía este tipo de fuerte oleaje. Y después, Cristo reprendió a sus discípulos, preguntándoles: ¿*Dónde está vuestra fe?* (Lucas 8:25).

Durante los últimos tiempos se producirán muchos tipos de tormentas en las naciones, en la Iglesia y en el mundo. Algunas tormentas llegarán y se irán rápidamente, causando daños menores o ningún daño. Otras, sin embargo, serán bien planificadas, con dianas establecidas. Será necesaria la fe para pasar las pruebas y soportar las tormentas.

Ninguna racha de viento, ola imponente, o lluvia cegadora habría sido lo suficientemente fuerte para que los discípulos no hubieran podido llegar donde Jesús quería que fueran. Has de saber esto hoy: ¡Llegarás al otro lado!

Cuando enfrentamos nuestras tormentas, debemos mirar a Jesús. Pero ¿cómo? ¿Cómo lo hacemos? Cuando David estaba abrumado, recordaba los milagros que Dios había hecho con Israel en Egipto y en el desierto (ver Salmos 103). Cuando tengas necesidades, recuerda siempre las historias que has escuchado acerca de la provisión de Dios. Cuando te sorprenda una enfermedad repentina que parezca devastadora, recuerda las historias de sanidad que el Señor realizó, no solo en la Biblia sino también a lo largo de las generaciones de historia. Cuando los poderes de las tinieblas ataquen a tus hijos, enfócate en las promesas que Dios nos ha dado en su Palabra, que nos dicen que instruyamos al niño en su camino y aun cuando sea viejo no se apartará de él (ver Proverbios 22:6).

Las historias de las tormentas de Galilea nos dan posibles pistas sobre por qué fallamos y nos sentimos abrumados, como si nos estuviéramos hundiendo. Nos olvidamos de la Palabra de Dios, nos olvidamos de sus milagros y nos enfocamos en las circunstancias. Párate sobre la Palabra en medio de la tormenta y nunca olvides lo que Dios ha hecho en el pasado, ya que Él puede repetir los mismos milagros en el futuro.

QUÉ HAY AL OTRO LADO

Aunque algunas tormentas vienen para desanimarte, otras tormentas vienen porque has entrado en territorio enemigo y has atraído la atención de las fuerzas del mal. Muchas veces, este tipo de tormentas aparecen cuando estás cerca de conseguir avanzar en algo o cerca de exponer mentiras. Es en tiempos como estos cuando tienes que saber quién eres y de quién eres. Cuando sabes quién eres, el enemigo también tiene que reconocer tu identidad. Tras cuarenta días de ayuno, Satanás tentó a Jesús en cuanto a su identidad. El diablo dijo: *Si eres Hijo de Dios, di que estas piedras se conviertan en pan* (Mateo 4:3), pero Jesús sabía quién era. No tenía que convertir piedras en pan para demostrar su identidad.

Creo que la tormenta que sufrieron Jesús y sus discípulos en el mar de Galilea no era una tormenta natural, sino demoniaca. Cuando Él se acercaba al área ocupada por las fuerzas demoniacas, sabía que estaba entrando en territorio enemigo. Los demonios reconocieron de inmediato quién era Jesús, y su mera presencia provocó una reacción en el mundo espiritual tan violenta, que se produjo una tormenta incluso antes de que Él llegara a la orilla. Esta era una zona santa ocupada por algo inmundo.

Cuando entras en un territorio que ocupa el enemigo, lo cual podría abarcar desde tu escuela, hasta tu oficina o el vecindario donde estás dando testimonio a uno de tus vecinos, ese es el territorio que el enemigo cree que le pertenece. Tu mera presencia, y la presencia del Espíritu Santo que llevas a ese territorio, pueden crear una tormenta de feroz oposición. Gózate porque estás más cerca de tu victoria que nunca. La tormenta indica que algo grande está a punto de pasar.

La meta del enemigo es que apartes los ojos de lo que hay al otro lado de la tormenta. ¿Por qué? Porque él sabe que tu recompensa está al otro lado. No está al comienzo de la prueba, ni en medio de la dificultad, cuando te desanimas. Tu recompensa está al final.

En algún lugar entre la enfermedad y la sanidad se producirá una tormenta. A veces, entre la pobreza y la provisión llegarán las tormentas. Quizá pierdas tu trabajo, o tu automóvil sufra una avería. Está bien, pues todo esto es parte del proceso de victoria cuando entras en territorio enemigo. Pero, cuanto mayor sea la oposición, más clara será la indicación de que Dios está a punto de soltar algo.

La tormenta te dice que te estás acercando.

En algún lugar entre tu ser querido que está atado por el pecado y la confianza en Jesús, vas a ver algunas confrontaciones. Dirás algunas palabras que desearías no haber dicho, verás algunas lágrimas derramadas, vas a tener efectos secundarios y bloqueos, llorarás lágrimas de cocodrilo y de vez en cuando te pondrás como loco, pero te digo que esas son las señales de que te estás acercando al otro lado de la tormenta. Para poder superar el sentirte abrumado, debes estar dispuesto a cruzar el caos. Cuanto mayor sea la tormenta, más cerca estás del punto de liberación. Sigue mirando a Jesús.

MIRARLO A ÉL

Puestos los ojos en Jesús, el autor y consumador de la fe, el cual por el gozo puesto delante de él sufrió la cruz, menospreciando el oprobio, y se sentó a la diestra del trono de Dios.
Hebreos 12:2

5

PASO 3: MIRAR HACIA ADELANTE

En todos mis años como corredor, he aprendido un secreto importante acerca de correr con éxito. Decido en mi mente antes de empezar a correr exactamente hasta dónde voy a llegar. Si no doy este paso importante, mi cuerpo enseguida decide que la carrera se ha terminado y que no da ni un paso más. Este secreto para correr es también un secreto para vivir: si quieres terminar la carrera, tienes que saber dónde está tu meta antes de dar el primer paso.

Jesús dijo a sus discípulos en Mateo 24:13: *Pero el que persevere hasta el fin, éste será salvo.* Al igual que el secreto del equilibrio de Tino Wallenda sobre la cuerda floja es enfocarse en un punto fijo al final del alambre, nuestra tarea como creyentes es mantener un enfoque tipo láser y fijar nuestros ojos en el premio, para mantenernos en el trazado que tenemos por delante.

El que persevere hasta el fin, éste será salvo. El que perdura es el que gana. No importa cuánto tiempo tome o cómo se vea el final, lo importante es perseverar, y esto no siempre es divertido ni agradable. A veces es extenuante, poco glamuroso, e incluso rutinario; pero perseveramos por una razón. No lo hacemos por hacer, pues siempre hay un propósito, incluso en el dolor.

Pablo escribe lo siguiente acerca de la razón por la que perseveramos:

> *Por tanto, nosotros también, teniendo en derredor nuestro tan grande nube de testigos, despojémonos de todo peso y del pecado que nos asedia, y corramos con paciencia la carrera que tenemos por delante, puestos los ojos en Jesús, el autor y consumador de la fe, el cual por el gozo puesto delante de él sufrió la cruz, menospreciando el oprobio, y se sentó a la diestra del trono de Dios. Considerad a aquel que sufrió tal contradicción [...] para que vuestro ánimo no se canse hasta desmayar.* (Hebreos 12:1-3)

Jesús sufrió la cruz por el gozo puesto delante de Él. Soportó el Calvario porque pudo mirar hacia adelante y ver la resurrección. No dejes que lo que está ocurriendo a tu alrededor sabotee lo que Dios está haciendo en tu interior. En lugar de sentirte frustrado donde estás, enfócate en hacia dónde vas. Recuerda estas palabras que escribió Pablo:

> *No perdáis, pues, vuestra confianza, que tiene una gran recompensa, pues os es necesaria la paciencia, para que, habiendo hecho la voluntad de Dios, obtengáis la promesa. Porque aún un poco y el que ha de venir vendrá, y no tardará.* (Hebreos 10:35-37)

Decide que, sea lo que sea que tengas que soportar, no te rendirás en este tiempo difícil.

SEIS MANERAS DE MIRAR HACIA ADELANTE

El caos de la vida puede impedir que veamos la esperanza que hay delante de nosotros. ¿Cómo podemos perseverar cuando no vemos más allá de esta tarde? Todos enfrentamos momentos en los que perseverar nos parece imposible. Quiero darte seis maneras distintas de construir tu perseverancia para que, en caso de que lleguen esos momentos en los que continuar parece imposible, estés preparado para abrazar la resistencia y seguir adelante. Estas son seis maneras de poner en práctica el Paso 3: *mirar hacia adelante*:

1. Crea la atmósfera adecuada.

2. Conecta con la fuente de poder adecuada.

3. Consigue la información adecuada.

4. Ve al lugar adecuado.

5. Ten el enfoque adecuado.

6. Busca el momento adecuado.

Veamos con más detalle cada una de estas maneras de mirar hacia adelante y perseverar.

1. CREA LA ATMÓSFERA ADECUADA.

En la vida, eres tú quien crea la atmósfera. En resumen, la atmósfera adecuada es la alabanza. ¿Has notado alguna vez que las emociones crean atmósferas? Si alguien está triste, entras en ese lugar y sientes esa tristeza. Si alguien tiene miedo, puedes sentirlo. Si alguien está enojado o molesto por algo, sin que diga una sola palabra, esa persona proyecta un sentimiento negativo desde su espíritu a la atmósfera de una habitación, solo por la ira que él o ella posee.

Hay una historia fascinante en el Antiguo Testamento sobre el rey Saúl. Si Saúl viviera hoy, probablemente le habrían diagnosticado como persona bipolar. Tenía ataques y ocasiones en las que la oscuridad y la depresión venían sobre él y perdía la cordura, y la Biblia nos dice que, cuando los espíritus malignos de depresión lo atormentaban y entraba en el lugar oscuro de su vida, hacía algo extraño. Llamaba a David y le pedía que viniera a tocar el arpa y llenara el lugar de música tranquila. Y el muchacho tocaba su música mientras el rey se sentaba deprimido en el trono, en oscuridad, en la tristeza de la vida y con desesperanza. Lo único que hacía David era llenar la sala de alabanza, y cambiaba la atmósfera de ese lugar. Los espíritus malignos se iban de Saúl, y volvía a recuperar un lugar de paz en su vida.

Quizá no puedes cambiar tu circunstancia, pero puedes controlar la atmósfera. Piensa en el tipo de personas con las que te relacionas, y piensa en el contenido que estás consumiendo. ¿Son positivos o negativos? ¿Están llenos de fe o llenos de temor? ¿Qué tipo de atmósfera estás creando con las palabras que salen de tu boca o los pensamientos que llenan tu mente?

Cuando decides cambiar tu atmósfera, puedes cambiar la trayectoria de tu día y pasar de la preocupación a la adoración, del pánico a la alabanza.

2. CONECTA CON LA FUENTE DE PODER ADECUADA.

La fuente de energía apropiada para un creyente es el Espíritu Santo. Cuando aceptaste a Jesucristo como tu Señor y Salvador, el Espíritu Santo vino a vivir en tu interior. En breve, esa es la morada del Espíritu. Él te hablará al corazón mientras pasas por los altibajos de esta vida. En Juan 14:26 Jesús llama al Espíritu Santo el Consolador, y dice: *Él os enseñará todas las cosas y os recordará todo lo que yo os he dicho.* Aunque no podemos verlo físicamente, el Espíritu Santo es nuestro ayudador y nuestro maestro, así que no estamos hablando de un Dios distante en los cielos a quien vamos a ver los domingos o cuando tenemos problemas, sino de una compañía constante. El Espíritu Santo está contigo siempre y en todo lugar. Este era el plan de Dios cuando quiso que Jesús regresara al cielo para sentarse a su diestra, orando por ti. Este Espíritu Santo viene a ser tu maestro, consejero, ayudador, consolador, amigo cercano y protector.

Tuve la oportunidad de visitar el Aposento Alto en Jerusalén. Hace más de dos mil años atrás, en la que podía haber sido esa misma sala o una sala parecida a esa, se reunió un grupo de 120 personas. Ellos fueron los primeros en recibir el bautismo del Espíritu Santo, pero ciertamente no los últimos. Este grupo ordinario, común y corriente, fue equipado con poder, fuerza y pasión para cumplir la voluntad de Dios en sus vidas. *Pero recibiréis poder cuando haya venido sobre vosotros el Espíritu Santo, y me seréis testigos en Jerusalén, en toda Judea, en Samaria y hasta lo último de la tierra* (Hechos 1:8). Como resultado de lo que ocurrió, la Biblia dice que *se añadieron aquel día como tres mil personas* (Hechos 2:41).

¿Cómo sería este mundo si estuviéramos conectados a ese tipo de poder? La Biblia dice que toda nación debajo del cielo estaba representada allí en Jerusalén, y *todos* oyeron *"en nuestras lenguas las maravillas de Dios"* (Hechos 2:11).

El Espíritu Santo dio sentido a las palabras de los creyentes. Más que eso, ¡le dio un nuevo sentido a sus vidas! A los dieciséis años, mi vida fue transformada cuando fui bautizado en el Espíritu Santo. Cuando el fuego cayó sobre mí, no hubo vuelta atrás. Había un nuevo fervor, un nuevo impulso y pasión para avanzar, buscando más de Él. Cuando el Espíritu Santo llega, cambia algo en ti, así como lo hizo con los 120 en el Aposento Alto. Se despiertan dones, se aviva el propósito, y la paz que solo viene del Consolador te protege.

He comprobado que, en mi propia vida, es imposible actuar sin el fuego del Espíritu Santo. Sin su ignición, mis palabras se quedan muy cortas y vacías, pero ¿cómo mantener este fuego encendido?

En primer lugar, hablo con el Espíritu Santo. ¡A veces pienso que se nos olvida que el Espíritu Santo es una persona! Con frecuencia, me encuentro hablando con Él durante mi tiempo de oración mientras camino por nuestros bosques de Georgia. Muchas veces le canto. No hay nada como la adoración verdadera y pura para albergar la presencia del Espíritu Santo. Cuando Pablo y Silas cantaron en la cárcel, las puertas se abrieron, las cadenas se rompieron, ¡y los prisioneros fueron liberados! Si no tienes una inclinación musical, esto puede hacerte sentir bobo. Tan solo recuerda que Dios no está interesado en tu talento sino en tu corazón. No hay una manera perfecta de alabarlo; la clave es darle gracias por quién es Él y por lo que ha hecho.

Quiero retarte a que te conectes a la Fuente de poder cada mañana. El poder del Espíritu Santo está a tu disposición, pero tienes que conectarte. Ora y pídele a Dios que te llene, te renueve y empodere con su Espíritu.

3. CONSIGUE LA INFORMACIÓN ADECUADA.

Lo que recibes determina lo que ves. Si consigues información mala o temible, verás un mundo de miedo y desesperanza. No puedes escuchar las opiniones de otras personas y escuchar la verdad de Dios sobre la situación. Si solo te enfocas en las noticias negativas del día, te perderás la palabra de Dios para hoy. ¿Qué dice el Señor sobre tu situación? Esa es la única información que necesitas. Dios no te llama tal como eres; te llama de acuerdo con lo que vas a ser.

En Jeremías 15:16 el profeta dice: *Fueron halladas tus palabras, y yo las comí.* No basta con oír la Palabra de Dios. Tenemos que oírla y recibirla, dejar que se asiente en nosotros. No importa cuáles sean tus circunstancias ni lo que digan otras personas. ¿Qué dice Dios sobre tu situación? ¿Qué dice Dios sobre tu familia? ¿Qué dice Dios sobre tu futuro? ¿Qué dice Dios sobre tu libertad?

Hay una historia sobresaliente en el Antiguo Testamento acerca de un hombre llamado Gedeón que estaba escondido en una cueva. Dios envió un ángel para visitarlo, y comenzó una conversación con Gedeón llamándolo *hombre esforzado y valiente* (Jueces 6:12). Pero Gedeón no sentía que era así. Él se sentía un flojo. Dios le dijo: *Tú no eres un flojo. Eres un ganador. No eres un debilucho; eres mi hombre. Eres un hombre valiente.*

¿Qué estaba haciendo Dios? Dios le estaba dando la información correcta a Gedeón. Dios quería que fuera consciente de otras cosas aparte de su temor y sus abrumadoras circunstancias, y quería que Gedeón se viera a sí mismo como alguien victorioso. Cuando empiezas a creer y a vivir la verdad, muchas veces la información correcta te parecerá lo opuesto a lo que estás experimentando; sin embargo, Dios está empezando a conseguir que entiendas que no se trata de lo que eres, sino de lo que serás.

La manera de vencer lo que te abruma es ver una imagen de ti mismo no como tú te ves, sino como Dios te ve. Dios no te ve derrotado. Dios no te ve atado. Dios no te ve como una persona pobre y quebrantada. Él no te ve como alguien a quien la vida le ha dado la espalda tras haberle pateado. Dios te ve como un vencedor. Dios te ve como cabeza y no como cola. Dios te ve como bendito y muy favorecido.

La manera de Dios de llevar la victoria a tu vida es mostrarte tu verdadero yo: no como tú te ves, sino como Él te ve. Quizá piensas que siempre has estado, estás, y estarás deprimido. Tal vez te ves como alguien que tiene que pelear consigo mismo por levantarse cada mañana. Quizá te imaginas con un futuro limitado o algo peor. Pero no es eso lo que Dios ve. Él tiene una información distinta con respecto a ti. Él tiene la información adecuada.

DIOS ESTÁ EMPEZANDO A CONSEGUIR QUE ENTIENDAS QUE NO SE TRATA DE LO QUE ERES, SINO DE LO QUE SERÁS.

Me encanta este versículo:

Jehová el Señor me dio lengua de sabios, para saber hablar palabras al cansado; despertará mañana tras mañana, despertará mi oído para que escuche como los sabios.

(Isaías 50:4)

Cada mañana, Dios nos da una palabra. Nuestra tarea es escuchar y recibir la palabra y programarnos correctamente. ¿Cuál es la palabra? Lee la Biblia, ¡la Palabra! No son tus sentimientos, ni tu situación, ni lo que te dice tu mejor amigo, o lo que lees en las redes sociales. La información correcta es que Dios nunca te dejará ni te desamparará, y que Él tiene un gran futuro para ti.

Yo me he disciplinado para ir a la Palabra de Dios diariamente. Ahora bien, sé que puedes pensar: *Pero tú eres pastor, ¡así que ese es tu trabajo!* Permíteme asegurarte que, si solo estudiara para crear mensajes, me quemaría. Estudio para alimentar la llama que Dios ha puesto en mi interior. Leo su Palabra para conocerlo a Él personalmente.

¿Significa esto que cada día me despierto rebosante de estas cosas? No siempre, pero Dios aún no me ha fallado. ¡Se necesita un esfuerzo diligente por parte nuestra si queremos mantener el fuego encendido!

Al acercarnos a Dios, Él se acercará a nosotros (ver Santiago 4:8); y, cuando Dios está cerca de ti, nada podrá impedir que perseveres.

4. VE AL LUGAR ADECUADO.

No estoy hablando sobre un lugar físico. En 1 Reyes 17:2-6 hay una historia en la que Dios le dice a Elías que vaya a un arroyo en particular. Dios tenía cuervos posicionados allí para alimentarlo, ya que esto ocurrió durante un tiempo de hambruna. Por tres años y medio, Dios proveyó de forma sobrenatural para Elías. Pero, un día, la misma voz habló y le dijo a Elías que recogiera sus pertenencias y se fuera a Sarepta, donde Dios le había dicho a una viuda que le diese comida (ver vv. 8-9). Fue un acto de fe para Elías dejar la seguridad de su arroyo, pero incluso mientras se estaba secando por la sequía, Dios ya estaba preparando otra provisión para él. El mensaje es simple: si Dios está hablando a tu corazón, diciéndote que te quedes, quédate. Si te está diciendo que te muevas, muévete.

Dios no hará lo mismo una y otra vez de la misma forma. Tenemos que estar abiertos a lo que Dios tenga para nosotros, incluido el lugar. La primera vez que el profeta Elías vio a su pupilo Eliseo, este estaba arando la tierra. Elías pasó junto a él y arrojó su manto sobre él, lo cual era una manera antigua de decir: "Te he escogido para que sigas tras mis pasos. ¡Vamos!".

Eliseo se emocionó, pero tenía una petición: *Te ruego que me dejes besar a mi padre y a mi madre; luego te seguiré* (ver 1 Reyes 19:20). Lo que el joven terminó haciendo fue regresar a su campo, matar a sus bueyes y quemar su arado para cocinar y servir la comida al pueblo. Después fue en pos de Elías.

El arado representaba la seguridad de la antigua vida de Eliseo. Su ganado y su equipo eran su sustento. El arado también representaba aceptación en la economía agrícola de la comunidad. Eliseo era uno de ellos, pero antes de poder entrar en el destino que Dios había creado para él, tuvo que romper el arado.

Antes de ser pastor en Free Chapel, Cherise y yo predicábamos por todo el país. Ese era mi arado. Esa era nuestra provisión, nuestra seguridad. Tenía un buen sueldo para mi esposa y para mí, y nos encantaba hacerlo; pero Dios tenía otros planes para nosotros. Sentí en mi espíritu que Él me estaba diciendo que rompiera mi arado, que dejara de confiar en mis planes y aceptara lo nuevo que Él estaba haciendo.

Tú quizá te estás aferrando a las viejas maneras de hacer las cosas. Dios tal vez está removiendo algo en tu alma, incluso en estos momentos, pero quizá algo viejo te está impidiendo avanzar hacia algo nuevo. No te apoyes en lo que solías hacer. Rompe el arado y permite que Dios te muestre un camino nuevo. No vivas en la expectativa de ayer. Ve o quédate donde Dios te llame.

5. TEN EL ENFOQUE ADECUADO.

Job 42:10 dice que, cuando Job oró por sus amigos, su cautiverio cambió. A menudo, en el proceso de perseverar, nuestro enfoque está totalmente centrado en nosotros. Nos fijamos en nuestras necesidades, nuestros problemas, nuestras oraciones, en lo que queremos. A veces, lo mejor que podemos hacer es quitar la atención de nosotros mismos y fijarla en otra persona.

Échale una mano a alguien. Pregúntale a un amigo cómo puedes orar por él. Comparte las Buenas Nuevas con una persona que lo esté pasando mal. Demuéstrale a un compañero de trabajo que lo aprecias invitándolo a almorzar juntos. Saca tu cartera y dona para una buena causa.

Tú tienes tus propias necesidades, pero cuando te enfocas en las necesidades de otros, todo cambia. Lo que guardas en la mano se encoge, pero lo que pones en manos de Dios se multiplica.

TODAS LAS PROMESAS DE DIOS TIENEN UN MARCO DE TIEMPO. ÉL NO ES UN DIOS DEL AHORA MISMO; ÉL ES UN DIOS DEL MOMENTO ADECUADO.

6. BUSCA EL MOMENTO ADECUADO.

Quizá llegue la tormenta, pero no durará para siempre. La Biblia nos dice que hay un tiempo y una etapa para todo (ver Eclesiastés 3:1-8). Así como pasa el otoño y llega el invierno, después la primavera y el verano, el sol volverá a brillar de nuevo.

Me encanta como lo expresa el Salmo 37:34 en la *Nueva Biblia Viva: No seas impaciente esperando que el Señor se manifieste. Continúa tu marcha firme por su senda, y a su tiempo él te honrará para que heredes la tierra.*

Cuando un bebé es incubado en el vientre de su madre, el bebé está ahí durante un tiempo. Si el niño sale demasiado tarde, podría ser peligroso para él. Lo mismo ocurre si sale demasiado pronto. Pero, a su debido tiempo, el niño nacerá.

Todas las promesas de Dios tienen un marco de tiempo. Él no es un Dios del ahora mismo; Él es un Dios del momento adecuado. Tienes que saber qué hora es en el reloj de Dios y actualizar el tuyo de acuerdo con el de Él.

EL PLAN PERMA

El Dr. Martin Seligman es un psicólogo estadounidense pionero en el campo de la psicología positiva (un término acuñado por Abraham Maslow), que es una teoría demostrada mediante la exploración científica. También creó una teoría del bienestar llamada *PERMA* (por sus siglas en inglés) que ayuda a las personas a prosperar en la vida, al margen de las situaciones negativas o las experiencias traumáticas. Su teoría del bienestar incluye cinco piezas fundamentales: Emoción positiva, Compromiso, Relaciones, Significado y Logros, las cuales te dan la esperanza que necesitas para llevar a cabo tu propósito en la vida. En la actualidad, muchas organizaciones de varias industrias (incluyendo cuidado sanitario, educación, corporaciones, gobierno, deportes profesionales y el ejército) usan estos principios como parte de un programa de entrenamiento más amplio para construir resiliencia, bienestar y optimismo en los individuos para que puedan navegar por la adversidad y prosperar cada día.

Mirando estos mismos principios desde una perspectiva bíblica, me gustaría enseñarte cómo puedes usar estas cinco piezas fundamentales para mirar hacia adelante con gozo en lugar de sentirte desanimado por el lugar en el que quizá te encuentras hoy. Este es un consejo muy práctico y real sobre cómo puedes usar el plan PERMA para ayudarte a realizar el Paso 3: *mirar hacia adelante.*

EMOCIÓN POSITIVA

¿Cómo encaras las dificultades y los retos? Cuando has sufrido un segundo o tercer revés, ¿te sientes tentado a rendirte? ¿Qué ocurriría si te llamaran para que fueras parte de un proyecto emocionante, pero a la vez formidable? ¿Te retraes porque dudas de ti mismo o porque crees que te falta experiencia? ¿Usas tu tiempo, talento y potencial para bien? ¿O permites que las excusas dirijan tus pasos y te aparten de tu destino?

Conté esta historia en mi libro *Crea que usted puede*, pero quiero darte un breve resumen aquí, ya que ilustra muy bien mi punto sobre la positividad. Cuando Walt Disney estaba buscando a alguien que dirigiera el diseño y la construcción del Parque Disneyland en California, sintió que el almirante Joe Fowler era el hombre indicado para esta tarea. Conocido como "Joe Puedo", Fowler tenía fama de terminar las cosas. Había servido en la Marina de los Estados Unidos tanto en la Primera Guerra Mundial como en la Segunda Guerra Mundial. Antes de su jubilación en 1948, diseñó y ayudó a construir el USS *Lexington*, el cual se utilizó en la batalla del Mar del Coral, y el USS *Saratoga*, que participó en la Batalla de Iwo Jima.[1]

A pesar de las dudas de la gente en cuanto a que Fowler pudiera realmente construir y preparar Disneyland para su gran apertura en julio de 1955, lo hizo. Tras esta increíble consecución, el almirante jubilado también trabajó como director general de operaciones del parque por años.

A la edad de 71 años, le volvieron a pedir a Fowler que ayudara a hacer realidad otro sueño de Walt Disney. Walt quería construir un parque temático aún más grande en Florida. Convenció a Fowler para que supervisara el diseño y la construcción del parque también. Disney World abrió en 1971, cuando Fowler tenía 77 años.[2] Cuando tenía ochenta, de nuevo le pidieron a Fowler que ayudara con el diseño del Centro Epcot, y él respondió con su conocido: "¡Sí!".

Fowler nunca asumió ningún reto que no pudiera enfrentar. Conocido en el círculo de Disney por tener una respuesta positiva a cualquier petición que se le presentara, cumplía con todas las demandas con una sonrisa y dos palabras: "¡Puedo hacerlo!".[3]

¡Sin excusas! Fowler entendió que las excusas son las muletas de aquellos a quienes les falta compromiso. Él no se apoyaba sobre lo negativo. Fowler creía en su propósito y tenía la positividad necesaria para realizarlo.

Me gusta decir que estamos siempre a dos o tres frases de salir de cualquier revés. Muchas personas a quienes les cuesta mirar hacia adelante dicen cosas como estas:

No puedo.

No sé cómo.

No estoy calificado.

No soy tan inteligente.

Esto es imposible.

Si te ves reflejado, en lugar de eso, intenta dar la vuelta al guion:

Sí puedo.

Lo haré lo mejor que pueda.

Aprenderé cómo.

Siento curiosidad por las cosas nuevas.

Con Dios todo es posible.

El gozo de Jehová es vuestra fuerza (Nehemías 8:10). Si pierdes el gozo, también pierdes tu fuerza. David escribió en Salmos 16:11: *Me mostrarás la senda de la vida; en tu presencia hay plenitud de gozo, delicias a tu diestra para siempre.* David habló de estar a la diestra de Dios, lo que en el mundo antiguo era un símbolo de tener el favor de alguien. David nos estaba diciendo que el camino de la vida es tener favor con Dios, porque en su presencia hay plenitud de gozo. La palabra hebrea usada en este versículo para *plenitud* es *soba*, que significa llenar o satisfacer.[4] Cuando el gozo del Señor se convierte en tu fortaleza, reemplazas lo negativo por lo positivo, y así eres capaz de superar cualquier obstáculo que encuentres en tu camino.

COMPROMISO

En algún momento, tienes que salir del banquillo y regresar al partido. Quizá no te gusta donde estás ahora, o puede que estés cansado de lo mismo de siempre. Tal vez te sientes aplastado y derrotado, pero el lugar donde estás hoy es temporal, así que piensa en trabajar hacia el futuro y mirando hacia adelante.

¿Qué puedes hacer hoy para alegrarle el día a alguien? ¿Cómo puedes compartir el amor de Dios con alguien que esté sufriendo? ¿Qué puedes hacer para cuidarte hoy físicamente?

En lugar de quedarte inmóvil por la falta de propósito, levántate y comienza a comprometerte con la vida. Prosigue en tu fe. Activa tu voluntad para creer, y continúa. Entra en la presencia de Dios.

RELACIONES

El aislamiento es el arma favorita del enemigo. Está diseñada para apartarte de lo que aporta vida, como los amigos, la familia y la comunidad. Las personas corren un grave peligro cuando se aíslan continuamente. El aislamiento a menudo conduce a la soledad y la depresión. Todas las cosas buenas de la vida fluyen a través de las relaciones. Eclesiastés 4:9-12 habla sobre el valor de la amistad:

> *Mejor son dos que uno, pues reciben mejor paga por su trabajo. Porque si caen, el uno levantará a su compañero; pero ¡ay del que está solo! Cuando caiga no habrá otro que lo levante. También, si dos duermen juntos se calientan mutuamente, pero ¿cómo se calentará uno solo? A uno que prevalece contra otro, dos lo resisten, pues cordón de tres dobleces no se rompe pronto.*

Las Escrituras también enseñan que uno puede perseguir a mil y dos a diez mil (ver Deuteronomio 32:30). Tu autoridad aumenta cuando juntas tu esperanza y fe con las de otras personas. Lo único que se necesita es que dos se pongan de acuerdo para conseguir cualquier cosa (ver Mateo 18:19). Muchos grandes héroes de la Biblia encontraron su éxito al aprender de otros y recibir ánimo de otras personas que Dios había llevado a sus vidas. Las cosas cambian cuando mantienes este tipo de relaciones con otros creyentes.

Piénsalo de este modo: alguien ahí afuera está ya en el siguiente nivel, en el que tú tienes que estar. Alguna persona ya ha conseguido superar el caos en el que tú estás metido y del que no puedes salir. Cuando conectas con estas personas, el poder de Dios comienza a fluir de una manera nueva en tu vida, y te encuentras moviéndote desde donde estás hacia donde tienes que estar. Permanece abierto y dispuesto a aprender a medida que Dios use las relaciones con otras personas para llevarte a un nuevo nivel.

¿Tienes personas en tu vida que te levantan, te animan o te ayudan en tu viaje? ¿Hay alguien que ha conseguido superar con éxito las dificultades que tú estás enfrentando hoy? ¿Tienes un mentor piadoso en tu vida? Pídele a Dios que te revele las personas y relaciones que te ayudarán a superar los obstáculos. Junta tus manos y tu corazón con las personas que depositarán fe en tu espíritu y que no te llevarán de nuevo al lodo y el estancamiento de tu pasado.

SIGNIFICADO

Un sentimiento de propósito o significado en nuestra vida nos ayuda a mirar hacia adelante en lugar de quedarnos estancados donde estamos, o incluso ir hacia atrás. De hecho, tener una misión puede marcar la diferencia, como demuestra la siguiente historia. También conté esta historia en *Crea que usted puede*, pero vale la pena repetirla:

> Un día de invierno en Biloxi, Misisipi, una mujer de veinticinco años decidió quitarse la vida. No podía resistir más y quería acabar con su vida. Se fue a un puente sobre el río Misisipi.
>
> El agua estaba gélida, y el puente era muy alto. Escaló hasta lo más alto y se arrojó. Impactó con el agua provocando un gran salpicón y comenzó a hundirse.
>
> Sin que ella fuera consciente de ello, un hombre en la orilla del río la vio saltar, y al ver que no salía a la superficie, se zambulló para rescatarla.
>
> Ella se hundía cada vez más cuando le escuchó entrar al agua, y después comenzó a oír a este pobre hombre revolviéndose. Él se tiró al agua, ¡pero se le olvidó que no sabía nadar! Este idiota heroico estaba aleteando y gritando "¡Ayuda! ¡ayuda!", así que la mujer que estaba intentando

quitarse la vida nadó hasta él y lo sacó hasta la orilla. Él se estaba ahogando, así que ella le hizo la resucitación boca a boca. Alguien llamó al teléfono de emergencias, y ambos fueron llevados al hospital. Los dos sobrevivieron.

Leí esto en un artículo de un periódico, y el periodista que escribió la historia terminó con estas palabras: "Esa noche, no fue el hombre quien salvó la vida de ella. Fue el *propósito* lo que salvó su vida". El propósito de la mujer era salvar al hombre que se ahogaba. Al instante, la mujer tenía una misión, y tener una misión salvó su propia vida.[5]

Tú también necesitas una misión para resistir en esta vida. No tienes que estar en el liderazgo de una iglesia para ser un hombre con una misión o una mujer beligerante para derrotar al enemigo. Necesitas una tarea personal que te motive. Quizá ya tienes una, pero no sabes cuál es. Dios da a sus hijos un sueño, una misión para sus vidas que les da sentido. Pueden ser cosas distintas en etapas distintas, pero Él siempre tiene un propósito para ti. Si no sabes cuál es tu propósito, pídele a Dios una visión de lo que Él quiere que hagas.

Lo que el enemigo ha usado para dañarte, como la depresión, el temor, la ansiedad o las decepciones, se puede usar como leña para tu misión. Usa el dolor de lo que has sufrido para ayudar a que otros sanen. Si has luchado contra la depresión, sé una luz para los que están en la oscuridad y que no pueden ver lo que tienen por delante.

LOGROS

La Biblia nos dice que somos más que vencedores por medio de Cristo (ver Romanos 8:37). Por definición, un vencedor es alguien que es capaz de "adquirir con la fuerza de las armas; ganar en la guerra; vencer por la fuerza; someter; ganar u obtener por la fuerza, atracción personal, etc., ganar una victoria; superar;

dominar; vencer".[6] Bastante impresionante. ¿Te das cuenta de que Dios dice que eres incluso *más* que esa definición?

Si un vencedor es una persona que salió de una mala situación, alguien más que vencedor es una persona que salió para regresar y darle la vuelta a esa situación. Dios quizá te ha liberado de la ansiedad o la adicción, pero Él tiene incluso más preparado para ti que la liberación. Él quiere que tu vida cuente su historia.

¿Qué puedes lograr a través de Dios como alguien más que vencedor? Creo que lo que has superado está conectado a la tarea que Dios te ha dado para que realices, de regresar a las personas que están en la situación que tú estabas antes y arrebatarlos de esa existencia tormentosa.

Actuando con base en emociones positivas, comprometiéndote con la vida que te han dado y conectando con las personas de tu vida, experimentarás un sentimiento de sentido y significado, y avanzarás para lograr los propósitos de Dios para ti. Perseverarás y mirarás hacia adelante, hacia un futuro que contiene una gran promesa.

SIGUE LAS PIEDRAS

Hay ocasiones, sin embargo, en las que tienes que mirar atrás para mirar hacia adelante. Dios nos deja marcadores duraderos en esta vida que nos recuerdan que tenemos que perseverar en el presente para que podamos mirar hacia el futuro.

En febrero de 1947, Douglas S. Mackiernan era un meteorólogo militar de 33 años que trabajaba en China. De la nada, cambió de forma extraña de carrera profesional y aceptó realizar una misión en el puesto más remoto del Departamento de Estado de los Estados Unidos, llamado Tihwa, una zona ventosa y escarpada en la parte occidental de China. Lo que sucedió fue que Mackiernan realmente no era meteorólogo. Era un espía de la CIA en su nuevo puesto cerca de la frontera entre la Unión Soviética y China. Tras su llegada a Tihwa, se pasaba horas cada día transmitiendo mensajes encriptados y formando contactos con rusos blancos anticomunistas. En agosto de 1949, el Departamento de Estado cerró el consulado de Tihwa. Se aconsejó a todo el personal que abandonara el país de inmediato. A Mackiernan, sin embargo, le dijeron que se quedara allí para destruir los materiales criptográficos y monitorear la situación. Según su esposa, que habló sobre ello años después, es posible que Mackiernan también quisiera quedarse en el puesto para escuchar la primera prueba atómica soviética.

Mackiernan y otros cuatro más se quedaron unos días después de que todos se fueran. Su única ruta de escape era a través de un terreno peligroso que les llevaba a la India por el Tibet. Mientras viajaban por el Himalaya, se cruzaron con algunos nómadas que les ayudaron señalándoles el camino a la India y diciéndoles a Mackiernan y a su grupo que siguieran los antiguos hitos. Un hito es un montón de huesos apilados que conmemora a familiares muertos. Las personas no podían cavar tumbas en el suelo helado para sus familiares que morían en el camino. En lugar de eso, cubrían sus cuerpos con piedras como señal de respeto y honor. El segundo propósito de estos hitos era servir de marcadores geográficos.

Cuando Mackiernan pasaba junto a un hito, recordaba que iba en la dirección correcta. Mientras siguiera las piedras, estaría en el camino correcto que llevaba a la libertad. Aunque él y su equipo finalmente llegaron hasta la frontera ocho meses después de la evacuación, en un trágico malentendido los guardas fronterizos tibetanos comenzaron a disparar al grupo. Mackiernan y otros dos hombres fueron abatidos. Solo dos hombres sobrevivieron para contar la historia.

Se dice que el cuerpo de Mackiernan yace bajo su propio hito de piedras. Su hito se une a muchos otros que seguirán ayudando a los viajeros a encontrar su propio camino en las heladas tierras desérticas.[7]

Nuestra vida también está marcada por seres queridos y predecesores de la fe, generaciones que nos han precedido y que han dejado marcadores de sus experiencias para ayudarnos con nuestras propias experiencias hoy. Ellos ahora no están, pero nos han dejado piedras mediante las cuales podemos recordarlos y animarnos a perseverar.

El libro de Josué nos da un poderoso ejemplo de esos marcadores sagrados. Tras cuarenta años vagando, llegó el momento de que los israelitas cruzaran a la tierra prometida. Unas cuatro décadas antes, cuando el Mar Rojo se interpuso en su camino tras huir de los egipcios, Dios había intervenido. Había separado las aguas para que su pueblo pudiera cruzar por tierra seca. De nuevo, el pueblo de Israel se vio ante una situación similar antes de entrar a la tierra de Canaán. De nuevo, Dios intervino, haciendo otro milagro. Él abrió las aguas del río Jordán, al igual que había hecho con el Mar Rojo anteriormente, y el pueblo cruzó a la tierra que Él les había prometido. Josué le explicó al pueblo que debían usar las piedras para conmemorar este momento:

> Y les dijo Josué: «Pasad ante el Arca de Jehová, vuestro Dios, hasta el medio del Jordán, y cada uno de vosotros tome una piedra sobre su hombro, conforme al número de las tribus de los hijos de Israel, para que esto quede como una señal entre vosotros. Y cuando vuestros hijos pregunten a sus padres mañana: "¿Qué significan estas piedras?", les responderéis: "Las aguas del Jordán fueron divididas delante del Arca del pacto de Jehová; cuando ella pasó el Jordán, las aguas del Jordán se dividieron, y estas piedras servirán de monumento conmemorativo a los hijos de Israel para siempre"».

Los hijos de Israel hicieron tal como Josué les mandó: tomaron doce piedras de en medio del Jordán, como Jehová lo había dicho a Josué, conforme al número de las tribus de los hijos de Israel, las llevaron al lugar donde acamparon y las depositaron allí. Josué también levantó doce piedras en medio del Jordán, en el lugar donde estuvieron los pies de los sacerdotes que llevaban el Arca del pacto, y allí han estado hasta hoy.

(Josué 4:5-9)

Dios quería que los israelitas recordaran su provisión y contaran la historia a sus hijos, quienes se la contarían a sus propios hijos. Pidió que llevaran doce piedras al otro lado de la orilla del río para que el pueblo pudiera recordar para siempre lo que Él había hecho posible. Futuras generaciones que se desanimarían y necesitarían una inyección de ánimo para seguir perseverando en tiempos abrumadores podrían mirar esas piedras y decir: "Dios lo hizo una vez. Él lo volverá a hacer".

¿Qué piedras tienes que recordar y seguir? ¿Quizá la de una abuela que oraba? ¿Un vecino que nunca se rindió contigo? ¿Un amigo que creyó en ti más que tú mismo? ¿Qué piedras puedes mirar para obtener la fuerza para empujar la visión y continuar?

Quizá no tuviste los mejores ejemplos para iluminar tu camino. Si ese es tu caso, entonces necesitas amontonar tus propias piedras para tus hijos y para quienes te rodean, porque ellos necesitarán seguir algunas piedras.

Hay un camino que lleva a la justicia, a la vida. Tan solo tienes que seguir las piedras. Cuando Jesús resucitó de la muerte al tercer día, Él rodó la piedra de la entrada del sepulcro para aparecerse a sus discípulos. La piedra está fuera de la tumba vacía. Jesús es la Piedra viva. Cuando estés cansado, cuando tus mejores planes se hayan desmoronado, cuando tengas más preguntas que respuestas, sigue la Piedra que lleva a la vida eterna.

Al igual que los viajeros cansados como Douglas S. Mackiernan saben, a veces el camino hacia adelante es difícil de ver. En ocasiones, cuando miramos hacia adelante solo vemos una tormenta de caos. A veces ni siquiera podemos mirar hacia adelante. Pero, recuerda: lo que hay por delante es la promesa de que *el que persevere hasta el fin, éste será salvo* (Mateo 24:13).

MIRAR HACIA ADELANTE

*Estos pequeños problemas nos están preparando para una gloria
eterna que hará que nuestros problemas parezcan insignificantes.*
2 Corintios 4:17, JBS, traducción libre

6

PASO 4: MIRAR HACIA AFUERA

El ataque final del enemigo es impedir que veas la cosecha que Jesús prometió que vendría en los últimos tiempos. En palabras de Jesús, cuando los desastres naturales abunden y los conflictos sociales aumenten, *será predicado este evangelio del Reino en todo el mundo, para testimonio a todas las naciones, y entonces vendrá el fin* (Mateo 24:14). Satanás solo quiere que tú dejes de preocuparte por un mundo perdido y agonizante. Sin embargo, esta es una de las principales visiones que Dios quiere que tengas en estos tiempos abrumadores. Esto recuerda la Gran Comisión, el mandato que dio Jesús después de resucitar de los muertos y antes de ascender al cielo: *Id por todo el mundo y predicad el evangelio a toda criatura* (Marcos 16:15). Estas palabras son tan relevantes para nosotros hoy como lo fueron hace siglos atrás.

Jesús no nos dijo que nos quedáramos quietos o que siguiéramos callados. Él espera que salgamos de las cuatro paredes de nuestra iglesia y compartamos su mensaje y su amor. El gozo de vivir para Jesús no es solo ir a la iglesia y quedarnos dentro de un grupo de hogar. Ese gozo se produce cuando nos llenamos tanto del agua viva, que no podemos evitar compartir con otros nuestro gozo en el evangelio. ¿Cuánto tiempo hace que compartiste las Buenas Nuevas con alguien? Quiera Dios que le pidas continuamente que te dé el deseo de ganar a los perdidos para Cristo.

El cuarto paso que tú y yo tenemos que dar como vencedores es *mirar hacia afuera*. No estás mirando hacia afuera buscándote a ti mismo. Estás mirando hacia afuera buscando a otros. Nuestro propósito en esta vida no es solo crecer en nuestra relación con Jesús y estar preparados para cuando Él regrese. También debemos alcanzar a los perdidos.

EL MAYOR DELITO

Aunque los expertos en los últimos tiempos no se ponen de acuerdo en todos los detalles sobre el regreso de Cristo, la alineación de las naciones o el rapto, sí hay un consenso en cuanto al derramamiento del Espíritu Santo que tendrá como resultado una épica cosecha de almas en los últimos tiempos.

La responsabilidad del evangelismo se nos ha confiado a cada creyente, tú incluido. No sientas vergüenza tan rápido. Sé que, para algunos, esto evoca imágenes de ir tocando puerta por puerta en tu vecindario y entregando folletos. O detener aleatoriamente a personas en las aceras de las calles o en centros comerciales para iniciar conversaciones incómodas, como preguntar: "¿Crees en Dios? Y si no crees, ¿te gustaría creer?". Soy consciente de que estas ideas sobre el evangelismo pueden hacerte sentir raro, pero no se trata de ser raro. Es un asunto de vida o muerte.

El mayor delito en la tierra no lo están cometiendo los delincuentes habituales. No son asesinos, ladrones o terroristas los que están detrás de esta atrocidad. Los culpables son los cristianos. Es un delito contra el que la Biblia nos advierte, un delito que tiene un precio muy elevado. Juan 3:16 nos dice: *De tal manera amó Dios al mundo, que ha dado a su Hijo unigénito, para que todo aquel que en él cree no se pierda, sino que tenga vida eterna.* Si no crees en Jesús, perecerás eternamente en un lugar llamado infierno. Sé que este mensaje es muy fuerte, pero si te ves tentado a cerrar este libro o pasar al capítulo siguiente, te invito a que continúes conmigo. Leer esto podría salvar una vida; una o muchas. Tenemos la responsabilidad de compartir el evangelio evitando así que la gente perezca, ayudando a rescatar a los hombres y las mujeres que están de camino a la muerte. Cuando no asumimos esta responsabilidad, cometemos un delito.

Piensa en este poderoso mensaje que contiene el libro de los Proverbios:

Libra a los que son llevados a la muerte, salva a los que tienen su vida en peligro. Porque si dices: «Lo cierto es que no lo supimos», ¿acaso no lo considerará el que pesa los corazones? El que mira por tu alma, él lo conocerá, y él pagará al hombre según sus obras. (Proverbios 24:11-12)

Hay una urgencia adjunta al evangelio. Cuando nos quedamos callados, somos como alguien que no "salva a los que tienen su vida en peligro". Nuestro silencio es el mayor delito que podamos cometer jamás, y todos somos responsables de ello.

Escuché una historia de un hombre que fue condenado a morir en la silla eléctrica hace muchos años atrás. El día de su ejecución, de hecho, minutos antes de ser atado a la silla, el gobernador llamó al guardia y le concedió al prisionero un aplazamiento de la ejecución. En lugar de entender el peso del mensaje y moverse con un sentimiento de urgencia, el guardia se tomó su tiempo para dar este mensaje. Cuando llegó a la sala de ejecuciones, ya era demasiado tarde. El prisionero ya había sido ejecutado.

El mensaje que recibió el guardia podía haber salvado la vida del prisionero, pero el guardia se quedó callado. Me pregunto cuántos de nosotros seguimos callados en lugar de compartir el mensaje de esperanza y vida eterna.

Hay no creyentes que puede que nunca hayan oído la verdad de Jesucristo si tú y yo no se la llevamos. Cuando compartes la esperanza de Cristo, invitas a alguien a la iglesia, o le hablas a otra persona sobre tu fe, estás plantando una semilla en un momento que no se puede volver a vivir. Dios te ha puesto en ese camino para un momento como este, y te ha encomendado su esperanza, su Palabra y su historia. Nunca sabes lo que habrá al otro lado de tu obediencia. ¿Dónde estarías tú hoy si alguien no hubiera compartido la historia del Salvador contigo? Decimos que "seguimos" a Jesús, pero si no somos impulsados a compartir su amor, quizá sea tiempo de reevaluar qué es lo que verdaderamente creemos.

Dios espera de nosotros que no nos conformemos con tan solo intentar ser buenas personas. Debemos tener una visión por las almas. Ganar almas para Jesús es un asunto serio. No es una sugerencia o una buena idea. Es un mandamiento. Quiero retarte y motivarte a que compartas las Buenas Nuevas con otros. Estas Buenas Nuevas son buenas por una razón. Estoy seguro de que han cambiado tu vida, te han sacado de las tinieblas, te han dado una razón para levantarte de la cama en la mañana, y te han aportado fuerzas para enfrentar el día. ¿Y no vas a querer tú hablar a otros de la Persona que te ha transformado tanto para bien?

DECIMOS QUE "SEGUIMOS" A JESÚS, PERO SI NO SOMOS IMPULSADOS A COMPARTIR SU AMOR, QUIZÁ SEA TIEMPO DE REEVALUAR QUÉ ES LO QUE VERDADERAMENTE CREEMOS.

En nuestra era tecnológicamente avanzada, estamos equipados con más maneras que nunca de alcanzar a las personas incluso en las zonas más remotas del mundo. En el año 2020, la Biblia se ha traducido a más de 700 lenguajes distintos, lo que significa que más de 5700 millones de personas tienen acceso a la Biblia en su lenguaje nativo. La Sociedad Bíblica Americana planea traducir la Biblia a todos los lenguajes del mundo en 2033.[1] Se está fomentando el evangelismo global; sin embargo, como Jesús dijo: *La mies a la verdad es mucha, pero los obreros pocos* (Lucas 10:2).

Sé que es fácil quedar atascado en el caos y los estreses de la vida cotidiana, porque son muchos; sin embargo, no debemos olvidar por qué estamos aquí: para compartir con otros lo que hemos recibido. Siente la urgencia. Como dijimos en el Paso 1, primero mira al interior, y encuentra en ti esa acuciante necesidad de ganar almas y salvarlos de la muerte eterna. Después mira hacia afuera, como nos anima a hacer este cuarto paso, e identifica quiénes son las personas con las que necesitas compartir las Buenas Nuevas.

Ser cristiano es mucho más que ir a la iglesia para encontrar respuestas para nuestras propias oraciones. Debemos salir de las cuatro paredes de nuestra comodidad y nuestras preferencias, y llevar el mensaje a otros de que Jesús los ama incondicionalmente, tal como son, y que Él tiene un propósito para sus vidas.

HÉROES NOCTURNOS

Dios está buscando héroes hoy en las horas nocturnas de la Iglesia. No héroes que lleven capa o con nombres superlativos, sino héroes que hagan algo por el Cuerpo de Cristo desinteresadamente, al margen de si sienten o no que se está haciendo algo por ellos. Héroes que aparecen incluso cuando su trabajo no se ve o no se habla de él.

Cuando estás excesivamente cansado o infravalorado, abrumado o subestimado, una de las cosas más importantes que puedes hacer es dejar que Dios te use. Dios quiere usarte en esta hora. Si ha habido alguna vez un momento para aparecer y bendecir al Cuerpo de Cristo, es ahora.

Que Dios te use con otros puede parecer un poco distinto a lo que piensas. Quiero presentarte a un hombre llamado José de Arimatea, un hombre del Nuevo Testamento a quien yo considero un héroe de la noche. Esto es lo que las Escrituras dicen acerca de él:

> *Cuando llegó la noche, vino un hombre rico de Arimatea, llamado José, que también había sido discípulo de Jesús. Este fue a Pilato y pidió el cuerpo de Jesús. Entonces Pilato mandó que se le diese el cuerpo. Y tomando José el cuerpo, lo envolvió en una sábana limpia, y lo puso en su sepulcro nuevo, que había labrado en la peña; y después de hacer rodar una gran piedra a la entrada del sepulcro, se fue.*
>
> (Mateo 27:57-60, RVR 1960)

Este hombre, José, era algo más que una figura espiritual en la comunidad. Era un empresario, y muy exitoso. Y, usando su influencia y poder, fue donde nadie más fue: a ver a Pilato. José era un hombre sabio que entendió que había recibido riqueza, prestigio y poder no para su propio disfrute, sino para un propósito. Usando sus recursos, José le suplicó a Pilato que le entregara el cuerpo crucificado de Jesús. En la noche, José de Arimatea quiso acercarse a Cristo.

¿Por qué es importante que José apareciera de noche? A la caída de la noche, el espectáculo ya había terminado y todos se habían ido a sus casas. Jesús estaba muerto, y aparentemente no tenía nada que ofrecer a José. En esta oscuridad, Cristo no estaba realizando milagros, ni resucitando muertos, o abriendo los ojos de los ciegos, ni atrayendo a miles de personas para escuchar su enseñanza. Su cuerpo estaba marcado, deteriorado y sin vida. No tenía ni poder, ni milagros, ni victoria. Jesús estaba muerto. No tenía nada que ofrecer a José.

Sin embargo, José de Arimatea ministró al cuerpo de Cristo cuando este no pudo ministrarle a él. Este empresario se mantuvo junto al cuerpo del Señor en el momento de su transición. Míralo desde este ángulo, que es mi interpretación: al ofrecer lo que tenía, José ayudó a posicionar el cuerpo de Jesús, que hoy es la Iglesia del Nuevo Testamento, de una postura de muerte a estar lista para una postura de resurrección. Este único hombre usó su influencia, se acercó a Pilato de noche, y le pidió el cuerpo de Jesús. Por eso lo llamo un héroe nocturno. Los discípulos necesitaron a José de Arimatea en esa hora oscura. Cuando la Iglesia carecía de poder y no tenía nada que dar, José de Arimatea apareció y dio todo lo que tenía. Cualquiera puede acercarse a la iglesia cuando la iglesia le está ministrando, pero ¿cuántos acuden a la iglesia cuando la iglesia necesita ayuda? José peleó por el cuerpo de Cristo. Creyó en ese cuerpo. Vio el potencial de ese cuerpo y, usando lo que tenía para rescatarlo, finalmente rogó un papel que desempeñar para trasladar el cuerpo de Jesús de la muerte hacia la resurrección.

Solo porque estés en una etapa de dificultad y parezca que los milagros y las bendiciones se han ido, no significa que sea el momento de retirarte de tu compromiso. Es entonces cuando puedes convertirte en un héroe nocturno. Los verdaderos héroes son los que hacen por los demás lo que no pueden hacer por sí mismos.

Los verdaderos héroes aparecen cuando nadie más lo hará. José llegó para recuperar el cuerpo de Cristo cuando nadie más lo hizo. Me pregunto dónde estaba Lázaro, el hombre al que Jesús resucitó de los muertos, o dónde estaba el hombre a quien Jesús había liberado de miles de demonios, o dónde estaba el ciego Bartimeo, que ahora podía ver. ¿Dónde estaban las multitudes que, cuando no tenían nada de comer, fueron alimentadas sobrenaturalmente? Solamente un hombre salió de entre las sombras. José no necesitó la luz del día para que otros lo vieran y oyeran, y aplaudieran sus esfuerzos. De hecho, usó la cobertura de la noche para avanzar su misión. Me pregunto cuántas veces nos quedamos tan atrincherados en nuestros problemas que no podemos ver más allá de la punta de nuestra nariz. Y, al quedarnos estáticos, nos hundimos cada vez más en el hoyo del descontento. Los héroes deben ser capaces de ver más allá de sus propias necesidades para suplir las necesidades de otros.

Cuando estamos dispuestos a dar un paso al frente y hacer por alguien en su noche lo que dicha persona no puede hacer por nosotros, experimentamos una transformación. Pasamos de ser consumidores a ser contribuidores. En lugar de ser bendecidos, nos convertimos en una bendición. En lugar de rogar milagros, nos convertimos en el milagro para otra persona. En lugar de recibir siempre, nos posicionamos para dar. Y, haciendo estas cosas, dejamos de hablar y de hablar y de hablar, y comenzamos a derramar vida en el Cuerpo de Cristo.

Sin pedir nada a cambio, José de Arimatea acudió al cuerpo de Jesús cuando este parecía más necesitado. Para mí, eso es un héroe. ¿Puedes tomarte un minuto para pensar en alguien a quien Dios usó como un héroe en tu noche? Quizá fue la mujer que te dio una ofrenda y que marcó la diferencia en la renta que debías ese mes. Tal vez fue el hombre que se tomó un tiempo para orar contigo cuando estabas más hundido. Quizá fue la persona que te prestó su automóvil, o te ayudó cuidando de tus hijos, o se mostró muy atento contigo los días después del fallecimiento de uno de tus seres queridos.

¿Cuándo fue la última vez que tú fuiste un héroe para alguien?

Todos, cada ministro, cada creyente y cada iglesia pasa por un bajón, un periodo en el que nuestros problemas superan nuestra fuerza. Los que corren a nosotros cuando estamos en la cima del mundo no son los héroes. Los héroes nos rodean con amor, compasión y oraciones cuando todo el infierno se ha desatado contra nosotros. Cuando alguien a quien conoces ha recaído, no lo juzgues; acércate a él o ella. Los héroes ayudan a quienes están sin techo, incluso cuando otros pasan de lado. Se supone que la Iglesia debe ser así. Nosotros no debemos ser quienes condenan al mundo. Un espíritu crítico y lleno de juicio es peligroso. Se supone que debemos ser héroes, creyendo que Jesús puede salvar y cambiar a la humanidad.

A medida que nos acercamos más al regreso de Cristo, debemos participar en la obra de Dios y en la cosecha de los últimos tiempos, lo que significa buscar, dejando a un lado nuestros intereses personales, a los que necesitan a Jesús.

CUANDO ESTAMOS DISPUESTOS A DAR UN PASO AL FRENTE Y HACER POR ALGUIEN EN SU NOCHE LO QUE DICHA PERSONA NO PUEDE HACER POR NOSOTROS, EXPERIMENTAMOS UNA TRANSFORMACIÓN.

MÁS ALLÁ DE ESTAS PAREDES

Si alguna vez hubo una historia en la Biblia sobre mirar más allá de ti para mirar a otros, es la historia de José en el Antiguo Testamento (no confundir con el héroe nocturno del Nuevo Testamento, José de Arimatea).

El José del Antiguo Testamento fue bendecido con una doble porción de bendición porque, cuando tuvo el poder para hacerlo, decidió ser una bendición para otros. No se guardó sus bendiciones, sino que dio abundantemente a otros lo que tenía. Al margen de lo que otros le hicieron o cómo lo trataron, Dios lo bendijo y fortaleció. Aunque habían abusado de él, José bendijo a sus hermanos y a Potifar. Como él repartió bendición y salió de sus propias paredes para acercarse a ellos, por así decirlo, Dios lo bendijo doblemente.

Vemos esta bendición caer sobre José cuando el padre de José, Jacob, estaba en su lecho de muerte. Jacob comenzó a imponer sus manos y a profetizar sobre cada uno de sus doce hijos. Cuando llegó el turno de José, su padre dijo esto:

> *Rama fructífera es José, rama fructífera junto a una fuente, sus vástagos se extienden sobre el muro. Le causaron amargura, le lanzaron flechas, lo aborrecieron los arqueros, mas su arco se mantuvo poderoso y los brazos de sus manos se fortalecieron por las manos del Fuerte de Jacob.*
>
> (Génesis 49:22-24)

Si comparamos la bendición de José con las palabras de su padre acerca de sus hermanos en el mismo capítulo, descubriremos que la bendición de José es por lo menos cinco veces más larga. ¿A qué se debe eso? Fue porque José tomó una decisión. Tenía un pozo, por así decirlo, y en vez de guardar su bien regado crecimiento para sí mismo dentro de sus paredes, permitió que las ramas de su viña bien irrigadas se extendieran fuera de sus paredes.

La generosidad de José nació de las circunstancias difíciles. Era el penúltimo de los doce hermanos nacidos de Jacob. Era también el favorito de su padre, y todos en la familia lo sabían. Vendido por sus hermanos, José acabó como esclavo de Potifar, un oficial egipcio que trabajaba en el palacio del faraón. Después, la esposa de Potifar lo acusó falsamente de haberla violado, y fue encarcelado. Mientras estaba en la cárcel, interpretó correctamente los sueños de algunos compañeros de celda, y finalmente fue llamado para interpretar uno de los sueños que tuvo el faraón. Junto a su interpretación, José también ofreció a este líder egipcio buenos consejos. Faraón se quedó tan impresionado, que nombró a José como el segundo hombre más importante de todo Egipto. José era ahora un hombre poderoso que tenía las llaves del suministro de comida del mundo. Y, como José no estaba interesado solamente en su propia bendición, sino que también quería la bendición de las personas que había más allá de sus propias paredes, Dios lo usó para ayudar a los egipcios a sobrevivir a una hambruna de siete años. José no se guardó la bendición de su huerto para sí mismo, por así decirlo. En lugar de eso, se esforzó por suplir las necesidades de otros.

Al hacerlo, José proveyó para sus hermanos, quienes lo habían vendido como esclavo. Proveyó para la esposa de Potifar, quien lo había acusado falsamente. Proveyó para Potifar, quien lo había encarcelado aunque era inocente. Si no hubiera sido por José, estas personas habrían muerto de hambre. José extendió su bendición más allá de sus paredes, más allá de su confinamiento, más allá de donde él estaba. Se preocupó por personas que no tenían nada que ofrecerle, personas que no se merecían su ayuda, incluso personas que lo habían hecho sufrir en el pasado. Él compartió su bendición con todos los necesitados.

Esta profecía que Jacob declaró sobre José nos señala a Jesucristo, el agua viva. Cuando encontramos el agua viva, Él cambia nuestra vida. Jesús le da la vuelta a nuestra vida y nos renueva. Nos llena generosamente de abundante bendición, tan abundante que tendremos más de lo que podríamos usar o pedir jamás.

¿Qué hacemos con esa abundancia? ¿Estamos compartiendo lo que tenemos con personas más allá de nuestras propias paredes? Más allá de estas paredes, las personas están perdidas y no saben que Jesús puede rescatarlas. Más allá de estas paredes, las personas están hambrientas, sedientas y aterradas. Paseamos entre ellas todos los días, pero a menudo estamos tan ocupados con nuestra propia vida que no les ayudamos.

Tenemos el agua viva. Ahora, debemos enviar una viña fructífera más allá de nuestras propias paredes y compartir lo que tenemos.

Muchas iglesias y muchos cristianos encuentran el pozo del amor y el perdón de Jesús, pero tan solo beben de él sin ir más allá de sus propias paredes para ofrecerles a otros. Es tiempo de que todos nos preocupemos más de compartir el agua del pozo. De hecho, cuando empecemos a salir de nuestras propias paredes, quizá Dios decida bendecirnos con su estilo de doble porción, como lo hizo con el esclavo que se convirtió en el segundo hombre más poderoso: José. Recuerda que Dios bendice el espíritu generoso.

Jesús nos llamó pescadores de hombres (y de mujeres). Puede que yo no sea ningún gurú de la pesca, pero te diré esto: por muy bonito o moderno que sea un barco de pesca, nunca verás a un pescador adentrarse en el lago y poner un letrero que diga *¡Los peces son bienvenidos!* y se siente a esperar que los peces salten del lago y se metan en el barco ellos solos. Eso no sucederá nunca. Entonces, ¿por qué las iglesias esperan que los perdidos entren por sí solos dentro de sus paredes? Si quieres pescar algún pez, tienes que poner un buen cebo.

Por eso las misiones mundiales son tan importantes. Por eso los autores invierten tiempo y recursos en publicaciones como la que estás leyendo ahora mismo. Por eso es tan importante el ministerio de la televisión. Por eso estamos presentes en el mundo de las redes sociales, en televisión, en la radio, y tenemos nuestra página web. Son diversos formatos los que hacen que podamos pescar distintos tipos de peces.

Creo que la Iglesia de Dios puede saciar la sed de un mundo agonizante. Seamos parte de este generoso esfuerzo de irrigación. Igual que José, mira hacia afuera dejando que el agua salga de tus propias paredes.

LLEVA EL MENSAJE

Un ensayo de 1899 del escritor y filósofo estadounidense Elbert Hubbard aún se utiliza en círculos militares en la actualidad para inspirar la iniciativa. De hecho, hace años atrás en algunas ramas del ejército, era obligatoria su lectura. *Un mensaje a García*, de Hubbard, es una versión dramatizada de un relato de la vida real de la misión que tenía el primer teniente del ejército Andrew S. Rowan de llevar un mensaje del presidente William McKinley al general Calixto García, comandante de las fuerzas rebeldes al este de Cuba, al comienzo de la Guerra Hispano-americana. La historia de Rowan nos enseña acerca de la fortaleza, sobre hacer lo que sea necesario para terminar las cosas.

En 1899, España aún gobernaba en Cuba. El presidente McKinley quería reclutar rebeldes cubanos para luchar a favor de la causa estadounidense, pero no había forma de hacer llegar el mensaje al general García, que estaba en el interior de la jungla. El presidente de los Estados Unidos tenía un problema, y Rowan sería quien lo solucionaría. Lo que hizo que Rowan fuera el indicado para la tarea fue su disposición a aceptar este trabajo sin cuestionar nada. Como Hubbard explica en su ensayo:

> McKinley le entregó una carta a Rowan para que se la entregara a García; Rowan tomó la carta y no preguntó: "¿Dónde está?". ¡Dios mío! Existe un hombre cuya silueta debería modelarse en bronce indestructible, y se debería poner dicha estatua en cada universidad de la tierra. Lo que los jóvenes necesitan no es un aprendizaje de libros, ni instrucción sobre esto y aquello, sino una rigidez de

vértebra que les haga ser leales a una causa, actuar enseguida, concentrar sus energías: llevar a cabo la tarea: "¡Llevar un mensaje a García!".[2]

A Rowan le encomendaron una tarea insuperable. Tenía que entrar en un país hostil y unir dos naciones con un mensaje. Y Rowan dijo: "Yo lo haré". Se hizo eco de las palabras de Isaías: *"Después oí la voz del Señor, que decía: —¿A quién enviaré y quién irá por nosotros? Entonces respondí yo: —Heme aquí, envíame a mí"* (Isaías 6:8).

Rowan no puso excusas. No revisó su calendario. No le dijo al presidente que iría la semana siguiente. No delegó la tarea a otra persona. No confeccionó una lista de razones por las que no era necesario. No eludió la responsabilidad, sino que dijo: "¡Aquí estoy! Envíame a mí". Rowan no sabía exactamente cómo iba a lograr la tarea. Tenía una orden y muchas preguntas, pero cruzando mares embravecidos, superando mosquitos y bestias salvajes, atravesando junglas, pasando por el fuego enemigo, superando obstáculos y adversidad, realizó la tarea. Nada iba a detener a Rowan. Nada iba a desviarlo de su misión. Estaba decidido a encontrar a García y entregarle el mensaje.

El mundo necesita más Rowans. Dios está buscando hombres y mujeres, jóvenes y mayores, con iniciativa. Está buscando personas que vayan y realicen la tarea. Jesús nos dio la Gran Comisión en Marcos 16:15: *Id por todo el mundo y predicad el evangelio a toda criatura.* Si Él nos dijo que hiciéramos eso, hay una manera de hacerlo, si somos fieles.

Sé que compartir el evangelio con otros puede parecerte intimidatorio.

Pero no te guardes a Jesús para ti solo. Hay vidas que dependen de ello. Mira hacia afuera y sal de tus propias paredes.

MIRAR HACIA AFUERA

*Pero les digo que miren, y verán que
los campos están maduros y listos para la cosecha.*
Juan 4:35, CEV, traducción libre

7

PASO 5: MIRAR HACIA ARRIBA

En la conversación que Jesús mantuvo con sus discípulos acerca de la destrucción del templo, encontramos nuestro quinto paso. No solo deberíamos mirar hacia afuera a medida que se acerca el fin, sino que también debemos *mirar hacia arriba*. Lucas escribe en su Evangelio:

> *Cuando estas cosas comiencen a suceder, erguíos y levantad vuestra cabeza, porque vuestra redención está cerca.*
>
> (Lucas 21:28)

¿Has captado ese último consejo? "Erguíos y levantad vuestra cabeza, porque vuestra redención está cerca". Las últimas palabras de Jesús sobre este tema de los últimos tiempos no son palabras de pesimismo. Puede que también les dijera a sus discípulos: "No quiero que vayan por ahí deprimidos y derrotados. No son víctimas. Miren hacia arriba. ¡Levanten la cabeza!".

Cuando llegan los malos tiempos, y cuando la realidad del empeoramiento de los ataques del enemigo aumente a medida que nos acerquemos más a la segunda venida de Jesús, tenemos la tendencia humana natural de mirar hacia abajo. El estrés nos pesa mucho y hace que nuestros hombros se inclinen hacia adelante. La preocupación nos nubla la vista y desestabiliza lo que debería ser una postura de fortaleza.

Sin embargo, justo en medio de lo que parece un monólogo profético lleno de temor que dibuja la imagen de los últimos días, repletos de guerras y rumores de guerras, señales de desastres naturales, y una advertencia particular a las mujeres embarazadas y que están amamantando, Jesús dice la cosa más extraña: *erguíos y levantad vuestra cabeza, porque vuestra redención está cerca.*

En medio del tumulto y la incertidumbre, Él nos anima a mantener una postura de mirar hacia arriba. Es una actitud de vigilancia y esperanza, incluso de gozo. Debemos tener un espíritu erguido.

Jesús nos da una razón para dicha esperanza: *Porque vuestra redención está cerca.* ¿Qué significa eso? Antes de que llegue el fin, Dios va a enviar gracia sobre ti y sobre tus seres queridos. Muchas de las personas que has anhelado ver entregando su vida a Dios lo harán. Jesús te está diciendo: *No voy a dejar que la oración y la fe que has tenido durante todos estos años se desvíe de la diana.*

Esto nos habla de un rescate que la sangre de Jesucristo pagó por completo. El vecino con el que has caminado durante las dificultades de la vida, el cónyuge por el que has pasado años de rodillas en oración, el amigo que abandonó a Dios, pero a quien tú nunca soltaste… su redención está cerca.

Podemos mirar hacia arriba porque Dios nos hizo promesas y no abandonará a nuestras familias hasta que la redención, o la gracia, se acerquen a nuestra casa. Piensa de nuevo en la historia de

Sodoma y Gomorra. Dios no derramó el juicio sobre esa malvada ciudad hasta que Lot y su familia salieron por las puertas de la ciudad. Dios tampoco cerró la puerta del arca hasta que Noé y su familia estuvieron dentro a salvo.

En lugar de temer los enormes dilemas del mundo, es tiempo de mirar hacia arriba. Estos problemas y las dificultades que llegarán son tan solo señales de que podemos mirar hacia arriba y ver cómo se cumple la Palabra del Señor.

Lo mismo se cumple cuando lidiamos con los asuntos diarios de la vida. Jesús dijo a sus seguidores que tendrían aflicciones en este mundo; no solo los problemas asociados a los últimos tiempos, sino también el tipo de problemas que acompañan a las personas imperfectas que viven en un mundo imperfecto cada día. Sé que estás cansado. Sé que te costó dormir anoche. Sé que te estás preguntando cómo puedes mantener el equilibrio cuando tienes una gran torre de piezas de porcelana en una mano y encima te ponen otra más. Recuerda las palabras de Jesús: *Pero confiad, yo he vencido al mundo* (Juan 16:33).

Reenfoca tu mirada y mira hacia arriba.

EL FINAL ES SEGURO

¿Sabías que la mayoría de las películas no se filman en orden cronológico ni de guion? Algunos equipos de producción incluso graban la escena final primero. Así es como Dios maneja la historia de tu vida. En Isaías 46:10 Dios nos asegura que está haciendo esto: *Que anuncio lo por venir desde el principio, y desde la antigüedad lo que aún no era hecho; que digo: "Mi plan permanecerá y haré todo lo que quiero".*

Dios crea el final de tu vida primero; y, en su historia, eres un vencedor. Esto ya es el final. Es el producto terminado. Es quien tú eres. Es la verdad desde el principio, incluso aunque parezca que tu situación no tiene nada que ver con la de un vencedor. Has de saber que el plan de Dios permanecerá, no por lo que lees en los titulares, no por falta de suministro de gas o porque se acabe el papel higiénico, no por la injusticia de un mal que te hicieron.

Vas a tener éxito porque Dios ya ha decidido tu destino.

Isaías 46:10 hace referencia a la omnipresencia de Dios. Él puede estar en todos los lugares, todo el tiempo. Él no solo está presente en la sala donde estás sentado y leyendo este libro; Él está presente con otra persona que está leyendo este libro en una isla de las Filipinas o en la costa de Sudáfrica. No solo eso, sino que Dios puede estar en tu pasado, en tu presente y en tu futuro a la misma vez. Es incomprensible, ¿verdad?

¿Te acuerdas del pastorcito que se convirtió en rey, David? Después de haber sido ungido como rey, tuvo que pasar algún tiempo más entre estiércol de ovejas antes de tener la oportunidad de ocupar el trono. Dios había llamado a David a un propósito mayor, aunque seguía cuidando de los ruidosos animales, y llevando un cayado en lugar de una corona. Entonces, cuando el gigante y este joven se enfrentaron en la batalla, es obvio quién tenía más probabilidades de ganar, ¿verdad? ¿Acaso no es obvio? Sin embargo, cuando el profeta Samuel estaba vertiendo aceite sobre la cabeza de David ceremonialmente, Dios también estaba derramando su protección sobre el joven que sería rey. Dios ya iba delante de él en el tiempo, al sangriento campo de batalla donde las probabilidades, humanamente hablando, eran muy favorables a Goliat. La victoria de David estaba establecida. Él sería el rey de Israel. No tenía que preocuparse por dónde estaría en ese momento y cómo sería, incluso en el campo de batalla.

Porque yo sé los pensamientos que tengo acerca de vosotros, dice Jehová, pensamientos de paz, y no de mal, para daros el fin que esperáis

(Jeremías 29:11, RVR 1960). Dios tenía un fin esperado para David, y también tiene uno para ti.

Puede que Dios no elimine a los Goliat de nuestro camino, pero su promesa de darnos un fin esperado permanecerá. ¿Qué gigante está bloqueando tu visión, intentando impedir que mires hacia arriba? ¿Le han dado una paliza a tu autoestima? ¿Ha aumentado tu depresión? ¿Tus sueños se han hecho pedazos, de tal forma que ya no quieres volver a intentarlo? No sé cómo y no sé cuál será su aspecto, pero Dios terminará lo que empezó. No naciste para estar abrumado para siempre. Tú naciste para vencer.

¡MIRA HACIA ARRIBA!
DIOS TE VA A LLEVAR A TU FIN ESPERADO.

La Biblia establece parámetros y principios que nos muestran los caminos de Dios. Lo que Dios hizo a lo largo de su Palabra, lo puede hacer ahora. Cuando se trata de las pruebas, hay lecciones que aprender. El Señor fija los tiempos en que las pruebas empezarán y determina cuándo terminarán. Si lees la Biblia, te darás cuenta del patrón de que el triunfo va después del problema. No te preocupes por la fecha de caducidad de tus pruebas, pero has de saber que el Señor ya ha fijado el final del plazo.

En Génesis 15 vemos este patrón en particular. En este pasaje de la Biblia, Dios promete hacer de Abraham una gran nación y darle a él y a sus descendientes la tierra de Canaán. Dios, de hecho, hace que Abraham mire al cielo nocturno, lleno de millones de estrellas relucientes, y le dice: *Así será tu descendencia* (v. 5).

Desde una perspectiva biológica, esta es una promesa extraña porque Abraham no tenía ningún hijo, y tanto él como su esposa, Sara, ya eran demasiado ancianos como para tener hijos. Pero Abraham cree en la promesa, y la Biblia nos dice que Dios le cuenta su fe como justicia (v. 6).

Sin embargo, esta promesa tiene más cosas. "Ah, la cabeza arriba", añade Dios. Y lo que viene después no es la mejor noticia del mundo. De hecho, parece bastante devastadora:

> *Ten por cierto que tu descendencia habitará en tierra ajena, será esclava allí y será oprimida cuatrocientos años. Pero también a la nación a la cual servirán juzgaré yo; y después de esto saldrán con gran riqueza. Tú, en tanto, te reunirás en paz con tus padres y serás sepultado en buena vejez. Y tus descendientes volverán acá en la cuarta generación.*
>
> (Génesis 15:13-16)

Observemos que Dios primero le dio a Abraham un cuadro del resultado: una nación con un número de descendientes demasiado grande para poder contarlos, que recibe una tierra prometida. Y, entonces, primero Dios le dijo a Abraham lo que sucedería. Tres generaciones de estas personas estarían en cautiverio. Serían esclavas a manos de su enemigo. Sin embargo, Dios prometió que llegaría un día en que el pueblo sería liberado y entraría en su propia tierra.

Aunque el pueblo sufriría problemas, Dios ya había establecido, cuatrocientos años antes, un tiempo límite para esos problemas. No duraría un día ni un minuto más del tiempo que Dios había determinado. Si Él ordena un comienzo, hay siempre un final. Hay una fecha de caducidad para tus problemas.

Vemos este patrón repetirse en la historia de Job. Un día, Dios comenzó a alardear ante Satanás de lo justo que era Job, diciendo algo así: "Diablo, he encontrado a alguien en la tierra que confía en mí y me ama y me obedece" (ver Génesis 1:6-12).

"Claro", respondió Satanás, "¿cómo no te va a servir esta persona? Le has puesto un vallado de protección a su alrededor. Está en un entorno perfecto. Tiene todo lo que un hombre podría desear, ¡y más! Déjame acercarme a Job por un tiempo, y veamos cuánto tiempo permanece a tu lado".

Y Dios le dio a Satanás el poder de destruir a Job bajo una condición: el diablo no podía poner su mano en su vida; no podía matarlo. Job terminó perdiendo su salud, sus hijos, su riqueza, sus posesiones, su ganado, su casa, todo. Se nos recuerda en Job que Dios también pondrá un fin a la oscuridad. Dios permitió el poder del diablo sobre Job, pero le puso un límite y también llevó esa destrucción hasta el fin esperado. Y ¿qué hizo Dios después? Bendijo a Job con el doble de lo que tenía antes.

Por último, vemos este patrón de forma evidente en la vida de Daniel. Dios le dijo a Daniel que Babilonia llevaría cautivo al pueblo de Israel, y allí servirían al rey Nabucodonosor. Pero también le dijo a Daniel que, después de setenta años, saldrían y habitarían en su propia tierra, más fuertes que nunca. Dios está en control, incluso de la cautividad. Como hizo con el Israel de Daniel, Él te llevará a casa.

PRESENTARTE VIVO

Los días oscuros no duran para siempre. Tus noches en vela no durarán para siempre. Tu duro trabajo en cuanto al estado de tu relación, la ausencia de un trabajo, el estrés de la enfermedad de tu hijo, estas cosas no te agobiarán para siempre. Dios establece limitaciones a los problemas, y ya hay fijado un día para tu libertad del cautiverio. Mientras tanto, tienes un trabajo que hacer. Tu trabajo consiste en mantenerte vivo.

Jesús anunció su resurrección en muchas ocasiones. El segundo capítulo de Juan relata una de estas ocasiones. Después de que Jesús descubrió que los cambistas y mercaderes estaban haciendo negocios en el templo y los expulsó, se le acercaron los líderes judíos, y le preguntaron: "¿Qué derecho tienes para hacer esto? Si Dios te dio la autoridad, ¡danos una señal que lo demuestre!" (ver Juan 2:18).

Jesús les dio una respuesta que no esperaban ni entendían: *Destruid este templo y en tres días lo levantaré* (v. 19).

¡Qué respuesta tan ridícula! —Pensaron estos líderes judíos—. *¿Quién es este hombre diciendo que este templo que tardaron 46 años en construir se puede destruir y reconstruir en tres días?*

Pero Jesús, como hacía a menudo, estaba hablando en parábolas. No se refería al templo físico que había delante de ellos, sino que estaba hablando de su cuerpo. Él sabía que llegaría el día en que sería golpeado y crucificado, pero la resurrección siempre sigue a la muerte. Este es el patrón que Jesús comenzó y nos dejó para que siguiéramos. Justo después de su anuncio de muerte llegó la buena noticia de que volvería a la vida.

Pero, primero, Jesús soportó una tribulación sin igual. Cuando Judas, su propio discípulo, lo traicionó y fue arrestado en el huerto de Getsemaní, Jesús se giró hacia los sacerdotes y el capitán de la guardia del templo que habían llegado a arrestarlo y les dijo: *Habiendo estado con vosotros cada día en el Templo, no extendisteis las manos contra mí; pero ésta es vuestra hora y la potestad de las tinieblas* (Lucas 22:53). Había llegado la hora. Era la hora del enemigo. Jesús permitió que sucediera porque sabía que había un fin esperado.

Sería lacerado, maltratado, y recibiría abuso. Parecería que había llegado el fin. El aliento finalmente se iría de Él. Su costado sería traspasado una última vez, antes de descender de la cruz. Le vestirían con un sudario y le pondrían en una tumba que sellarían con una gran piedra. Parecería que la muerte sin duda alguna había conquistado a Jesús.

Me encanta el hecho de que, tras la crucifixión de Jesús, las Escrituras dicen que se presentó vivo (ver Hechos 1:3). No solo apareció. Quería mostrar a la gente que lo había conseguido, que aún estaba de pie, que era y que es victorioso, que la muerte no tiene la última palabra, y que está vivo.

Si estás en una situación fuera de tu control que parece estar acabando contigo, Dios quiere que te presentes vivo. Job se presentó vivo después de haber vertido lágrimas, de haberle hecho preguntas a Dios y de romperse en pedazos como el barro, sin sonrisa alguna. Y después de que Job admitió sentirse solo, reconociendo que no podía ver a Dios en ninguna dirección, dijo estas poderosas palabras: *Mas él conoce mi camino: si me prueba, saldré como el oro* (Job 23:10).

El diablo intentó desgastar a Job, tal como lo hace con nosotros hoy. Los sueños se desvanecen. Las relaciones se rompen. Las promesas fallan. La economía se derrumba. Falta el trabajo. Abundan las pérdidas. Pero, a pesar de la prueba después de la tribulación y después del dolor, podemos alabar a Dios. Podemos orar. Podemos confiar y creer. Podemos enfocarnos en lo que importa: Jesús. Así es como nos presentamos vivos.

Preséntate vivo estallando en alabanza y adoración en lugar de decir palabras negativas. No te reprendas a ti mismo ni sientas conmiseración porque eres débil en tus actuales circunstancias. Reconoce la verdad de que estás ungido.

SI ESTÁS EN UNA SITUACIÓN FUERA DE TU CONTROL QUE PARECE ESTAR ACABANDO CONTIGO, DIOS QUIERE QUE TE PRESENTES VIVO.

Se puede decir que el mayor evento deportivo del siglo XX, con mil millones de personas viéndolo en todo el mundo, fue el combate de boxeo entre las leyendas Muhammad Ali y George Foreman. Este histórico acontecimiento deportivo, conocido como "La batalla en la jungla", se llevó a cabo en Kinshasa, Zaire, el 30 de octubre de 1974. Ali no era el favorito por 4 a 1. Foreman era un campeón invicto y diez años más joven.

Nacido como Cassius Clay Jr., Ali fue el apodo que le puso la prensa, entre otros motes como "el labio de Louisville" porque nació en Louisville, Kentucky, y nunca dejaba de hablar. El icónico boxeador era un bocazas que se mofaba de sus oponentes cada vez que podía. Antes de una pelea con el boxeador británico Henry Cooper, dijo: "Henry, esto no es un baile. La pelea terminará enseguida". Le dijo una de sus frases más famosas: "Flota como una mariposa, pica como una abeja" a Sonny Liston. Y por supuesto, a menudo repetía quizá el autoproclamado título más reconocido de todos: "Soy el mejor".

Antes de encontrarse con Foreman en la lona, Ali bromeó con la prensa: "¿Cuánto más tenemos que esperar? Estoy listo para hacer pedazos a George Foreman ahora mismo".[1] Ali peleaba con sus manos y con sus palabras.

A pesar de su descarada confianza, Ali no era el favorito para ganar la pelea. Para la mayoría, Foreman era invencible, indestructible. Se llevó el primer asalto, como era de esperar. Ali cambió su táctica en el segundo asalto, pasando a una estrategia que llamó *"rope-a-dope"*: Ali se apoyaba sobre las cuerdas y se cubría mientras

Foreman lo golpeaba continuamente en los brazos y en el cuerpo. Si estuvieras viendo la escena y no conocieras el plan de Ali, parecería que Foreman estaba haciendo pedazos a Ali. Golpe tras golpe. Puñetazo tras puñetazo. Lo que sucedía era que ninguno de los golpes que le lanzaba eran suficientemente sólidos como para hacer daño a Ali. Sin embargo, estaban cansando a Foreman, que era el plan de Ali desde el principio. En el séptimo asalto, la energía de Foreman estaba empezando a gastarse. Cuando Foreman golpeaba a Ali en la mandíbula, Ali susurraba al oído de Foreman: "¿Eso es todo lo que tienes, George?" y, en ese momento, en palabras de Foreman: "Me di cuenta de que eso no era lo que creía que era".[2]

En el octavo asalto, todos los golpes salvajes que Foreman había lanzado lo habían dejado sin fuerzas. Ali lanzó una combinación de cinco golpes, terminando con un gancho de izquierda y un duro derechazo al rostro que hizo que Foreman cayera a la lona. Segundos después, para asombro de mil millones de personas, Foreman no se levantó tras la cuenta atrás y Ali fue declarado oficialmente como el ganador.

¿Con qué te ha golpeado el enemigo? ¿Depresión? ¿Decepción? ¿Disfunción? Preséntate vivo. El diablo quizá pensó que iba a tirarte a la lona, pero creo que lo único que puede hacer es ponerte de rodillas. ¡No tienes por qué quedarte ahí! Como escribió Pablo a los primeros creyentes: *Que estamos atribulados en todo, pero no angustiados; en apuros, pero no desesperados; perseguidos, pero no desamparados; derribados, pero no destruidos* (2 Corintios 4:8-9).

¿Tienes el valor de levantarte delante de tu enemigo y susurrarle al oído: *¿Esto es todo lo que tienes?* Tú puedes, porque eres más que vencedor (ver Romanos 8:37).

ESPERANDO CON IMPACIENCIA...

En Cristo, un día te presentarás vivo eternamente. Pero hasta que llegue ese glorioso fin, debemos aprender a hacer algo que parece contradictorio, algo que es a la vez pasivo y activo. Debemos aprender a luchar, y a esperar, a la vez.

Esperar es parte de la experiencia humana. Según varios estudios:

+ Los estadounidenses pasarán un promedio total de 43 días durante su vida en espera telefónica del servicio al cliente.[3]

+ El trabajador estadounidense promedio que se desplaza al trabajo pasará 54 horas extra al año en retrasos por el tráfico (extra se refiere al tiempo invertido conduciendo lento por tráfico denso en lugar de ir a la velocidad sin tráfico).[4]

+ La persona promedio pasará 10 años de pie haciendo fila en el transcurso de su vida.[5]

+ Una encuesta en Gran Bretaña afirma que los ingleses pasan una media de 6.7 años de su vida esperando, ya sea haciendo fila, al teléfono, esperando a sus hijos o a que hierva el agua de la tetera.[6]

Esperar es algo que todos tenemos que hacer. A menudo, nuestra espera nos hace sentir frustrados e incluso miserables, en el peor de los casos. Pero, como cristianos, nuestra espera tiene un propósito. Esperamos el día en que nuestras oraciones serán contestadas, en que llegará la reconciliación, la semilla que hemos plantado echará raíces y dará fruto, y la tristeza terminará. Tanto en nuestro esfuerzo por querer algo mejor y en nuestro deseo de vivir una vida con propósito, siempre permaneceremos en cierto tipo de juego de espera.

Pocos meses después de que Pablo plantara una iglesia en Tesalónica, escribió una carta a los creyentes de allí para animarlos, diciéndoles:

Porque partiendo de vosotros ha sido divulgada la palabra del Señor; y no sólo en Macedonia y Acaya, sino que también en todo lugar vuestra fe en Dios se ha extendido, de modo que nosotros no tenemos necesidad de hablar nada. Ellos mismos cuentan de nosotros cómo nos recibisteis y cómo os convertisteis de los ídolos a Dios, para servir al Dios vivo y verdadero y esperar de los cielos a su Hijo, al cual resucitó de los muertos, a Jesús, quien nos libra de la ira venidera.

(1 Tesalonicenses 1:8-10)

Pablo hizo la poderosa afirmación de que todos hablaban sobre la iglesia de Tesalónica y acerca de que ellos estaban esperando el regreso de Jesús. Su testimonio no solo incluía ser salvo, bautizado, apartarse de los ídolos y compartir con otros las Buenas Nuevas. Su transformación incluía lo que estaban esperando: la segunda venida de Jesucristo. Estaban plenamente expectantes por su regreso, y lo estaban esperando.

Ellos no eran los únicos que esperaban en este sentido. Las Escrituras también nos dicen que todo lo que Dios ha hecho en la creación, las estrellas, la luna, el sol, la tierra, los árboles, las plantas, las flores, todo espera con impaciencia:

Sabemos que toda la creación gime a una, y a una está con dolores de parto hasta ahora. Y no sólo ella, sino que también nosotros mismos, que tenemos las primicias del Espíritu, nosotros también gemimos dentro de nosotros mismos, esperando la adopción, la redención de nuestro cuerpo, porque en esperanza fuimos salvos; pero la esperanza que se ve, no es esperanza; ya que lo que alguno ve, ¿para qué esperarlo? Pero si esperamos lo que no vemos, con paciencia lo aguardamos.

(Romanos 8:22-25)

Observemos el gemir y los dolores de parto mencionados en este pasaje. Uno podría ver los desastres naturales como terremotos, inundaciones y tsunamis como cantos de lamento que la tierra pronuncia en su agonía, en parte provocados desde que Adán y Eva pecaran en el huerto. Por muy bonitos que sean algunos lugares del mundo, nuestro mundo está bajo maldición. Cada flor, cada cima copada de nieve, cada camino lleno de burbujeantes arroyos, praderas alpinas y acantilados rocosos rojizos puede ser una maravilla que nos deje sin aliento, pero no son tan impresionantes como serán cuando termine la maldición y se muestre plenamente su maravilla natural. Mientras tanto, esperamos.

Nosotros, y toda la creación, esperamos con impaciencia el regreso de Jesús, y esperamos el rapto, del cual hablaré en la última parte del este libro (concretamente el capítulo 9). Esperamos el día en que nuestros cuerpos quebrados serán redimidos a la perfección. Dentro del alma de cada creyente debería haber un sentimiento de nostalgia. Deberíamos anhelar el pronto regreso de Jesucristo. El libro de Hebreos usa un lenguaje poético similar para hablar de esta melancolía: *Y de la manera que está establecido para los hombres que mueran una sola vez, y después de esto el juicio, así también Cristo fue ofrecido una sola vez para llevar los pecados de muchos; y aparecerá por segunda vez, sin relación con el pecado, para salvar a los que lo esperan* (Hebreos 9:27-28).

El estado mental de cada creyente tiene que ser la impaciente expectativa de la segunda venida de Jesús. Tenemos que vigorizarnos con ese pensamiento. ¿Estás listo para su venida? ¿Anhelas con impaciencia su venida? ¿Deseas su venida? Puedes amar la vida en la tierra. No hay nada de malo en vivir con propósito y disfrutar de tu vida, pero también debes recordar que esta vida es nuestra segunda ciudadanía. Nuestra residencia principal está en un lugar más allá de las nubes.

Filipenses 3:20 dice: *Pero nuestra ciudadanía está en los cielos, de donde también esperamos al Salvador, al Señor Jesucristo.* Ahí está esa palabra de nuevo: "esperamos". ¡Observa el patrón! Lo que estás esperando experimentar en esta tierra no es nada comparado con el gozo y los deleites que te esperan al otro lado. Para esperar con impaciencia en este sentido, debemos cultivar nuestra imaginación acerca de lo que hay preparado para nosotros en el cielo.

El cielo es un lugar real. El camino al cielo es una senda, y es estrecha. Tiene una puerta, y esa puerta es Jesús. Tiene dimensiones, y ciudades, y casas. Cambiaremos nuestros cuerpos enfermos, cansados y desgastados por otros glorificados. No hay muerte en el cielo, y no hay lágrimas. No hay decepción, ni tristeza, ni tentación, ni mal. ¿Te imaginas lo que será? Cien mil millones de veces mejor si vas al cielo que toda la gloria y el dinero juntos que este mundo podría ofrecer. El último en el reino de los cielos recibirá más que los que creen que tienen todo tipo de cosas en la tierra. ¿Qué tipo de recompensa?: *Ningún ojo ha visto, ningún oído ha escuchado, y ningún corazón ha imaginado todas las cosas que Dios tiene preparadas para los que le aman* (1 Corintios 2:9, CJB, traducción libre).

La Iglesia necesita esperar con impaciencia al Hijo de Dios. Tenemos que recibir el fuego en nuestro caminar. Tenemos que recibir ese espíritu de "espera impaciente". Tenemos que ser santificados. Tenemos que ser llenos del Espíritu. Es tiempo de empezar a vivir hoy en el poder del Espíritu Santo, ¡y seguros de nuestro evangelio!

Bill Borden nació a finales de 1880, heredero de una fortuna de una familia millonaria. En la actualidad, la empresa Borden tiene un valor de 2 mil millones de dólares. Cuando Bill se graduó de la secundaria, sus padres le regalaron un viaje alrededor del mundo. Mientras visitaba Asia y Europa, sintió el llamado a ser misionero. Un amigo comentó que, si eso era lo que Bill había decidido hacer, estaría desperdiciando su vida. Se dice que, como respuesta, Bill escribió dos palabras en su Biblia: *Sin reservas*.

Bill se matriculó en la Universidad de Yale para aprender idiomas y prepararse para una vida en el extranjero, y comenzó un grupo de oración que se convirtió en un movimiento. Lo que comenzó con 150 estudiantes en su primer año de universidad creció hasta 1000 estudiantes en su último año. Bill también usó su fortuna familiar para dar a las personas necesitadas de la comunidad, y a menudo se le veía compartiendo el evangelio con estudiantes en el campus universitario, así como con personas fuera del campus. Cuando se graduó, rechazó ofertas de trabajo muy bien pagadas y escribió solo dos palabras en la contraportada de su Biblia: *Sin retiradas*.

Bill se sintió llamado a predicar el evangelio a los grupos musulmanes al oeste de China. Navegó hacia China, deteniéndose primero en Egipto para estudiar árabe. Sin embargo, mientras estaba en Egipto se enfermó de meningitis espinal. Murió un mes después, a los 25 años de edad. Antes de su muerte, dice la historia que escribió otras dos palabras en su Biblia: *Sin lamentos*.

Este es el tipo de impaciencia que quiero que caracterice nuestra espera. *Sin reservas. Sin retiradas. Sin lamentos.* Podemos esperar con este tipo de intensidad y urgencia porque sabemos que Jesús volverá un día. Él se presenta vivo y te muestra que tu final glorioso también es seguro.

¿Y ahora qué? A la luz de su regreso, ¿cómo deberíamos vivir? Vivimos esperando con impaciencia su regreso, con confianza y anticipación. Vivimos con gozo y con esperanza. Compartimos con otros su fidelidad y su bondad, las cuales hemos visto en nuestra propia vida.

MIRAR HACIA ARRIBA

> *Y aparecerá por segunda vez, sin relación con el pecado,*
> *para salvar a los que lo esperan.*
> Hebreos 9:28

PARTE III

LEVÁNTATE, SAL, LIBÉRATE

Mientras más nos acercamos a la segunda venida, más fuertes son los ataques del enemigo contra nosotros. La primera vez que el diablo apareció en escena llegó en forma de serpiente. Cientos de años después, cuando el apóstol Pedro escribió acerca de él, describió al diablo como un león rugiente. Cuando se escribió el libro de Apocalipsis, se hizo referencia al enemigo como un dragón. Observemos la progresión.

Hoy día estamos luchando contra un enemigo con más músculo, un ingenio y resistencia más feroces que el veneno, garras afiladísimas y aliento de fuego; estamos tratando con el espíritu del anticristo. En esta tercera parte del libro retiro el telón para exponer a un grupo de espíritus manipuladores que están atacando el Cuerpo de Cristo. Llegan desde el oscuro legado espiritual de una de las personas más malvadas que ha existido jamás: Jezabel. Estas fuerzas son resueltas; sin embargo, ya están derrotadas: abrumadas por la cruz, la sangre de Cristo y el poder de su resurrección.

Como desarrollaremos con más detalle en los siguientes capítulos, tú y yo no nacimos para ser derrotados. Tendremos problemas de este lado de la eternidad, pero Dios nos ha destinado como vencedores. Podemos superar los ataques del enemigo. Podemos levantarnos, salir y ser libres, porque al final, nacimos para ganar.

8

LO ABRUMADOR

Jezabel, una reina cruel y asesina despiadada. Aunque vivió hace miles de años atrás, sus tácticas manipuladoras y mortales siguen muy vivas hoy día a través de sus "hijos espirituales". Antes de hablarte sobre ellos y las cosas que intentan hacer, quiero mirar un poco el trasfondo de Jezabel misma.

Sin embargo, hagamos una pausa primero por un segundo. Si el nombre de *Jezabel* te descoloca y realmente esperas que este libro *no* sea una caza de brujas misógina que quiere juzgar a cierto tipo de mujer, puedes respirar tranquilo. No es nada de eso. De hecho, no te quedes anclado en su género. El espíritu de Jezabel es un espíritu de oportunidades iguales. Puede actuar tanto en hombres como en mujeres, tanto en jóvenes como en adultos.

El legado de Jezabel se menciona tres veces en la Biblia. En primer lugar, 1 Reyes 18 narra la masacre que realizó esta reina malvada con los profetas del Señor. Después, en Mateo 14 se nos habla sobre la reina Herodías, su descendiente espiritual, que manipuló la muerte de Juan el Bautista. En tercer lugar, Apocalipsis 2:20 menciona a "esa mujer Jezabel", otra hija de este espíritu, en la carta escrita a la iglesia en Tiatira. En este último versículo, el espíritu de Jezabel aparece como uno de los espíritus predominantes que atacarán a la Iglesia en los últimos tiempos. Y, según escribo estas palabras, esa invasión se está produciendo actualmente.

UN ESPÍRITU ANTIGUO

Aquí es donde comenzó la invasión. Jezabel gobernó como reina de Israel, junto a su esposo, el rey Acab, desde el año 874 hasta el 853 a.C. Ella era una tirana que adoraba a muchos dioses falsos y diezmaba a cualquiera que se opusiera a ella, incluyendo a los profetas de Israel. Cuando Jezabel dirigió su atención al profeta Elías, este tuvo tanto miedo que huyó a refugiarse en una cueva. Fue allí, completamente angustiado, donde le rogó a Dios que lo dejara morir.

El reinado de Jezabel terminó con su muerte. El sucesor de Elías, Eliseo, fue testigo de su final cuando fue arrojada por una ventana y pisoteada por un caballo. Entonces, una manada de perros salvajes se comieron su cadáver y, como consecuencia, quedó inidentificable. Lo único que quedó de ella fue la calavera, los pies y las palmas de las manos (ver 2 Reyes 9:30-37).

NO TENEMOS LUCHA CONTRA SANGRE NI CARNE. PELEAMOS CONTRA ENEMIGOS INVISIBLES.

La reina Jezabel quedó bastante muerta en un sentido físico, pero su legado continuó durante las generaciones siguientes, y de hecho continúa hasta el día de hoy. Lo vemos en acción en la época de Jesús, cuando el escritor del Evangelio de Lucas escribió acerca de cómo Juan el Bautista, en el espíritu de Elías, apareció en escena para anunciar la venida de Jesús (ver Lucas 1:13-17). ¿Qué le sucede a Juan como precursor de Cristo? ¡El espíritu de Jezabel lo ataca!

Juan el Bautista había llamado la atención del rey Herodes por casarse con la esposa de su hermano, y el enfurecido rey hizo que lo encarcelaran. La esposa del rey quedó tan avergonzada por la represión pública de inmoralidad sexual, que conspiró contra Juan. Durante la fiesta de cumpleaños de su esposo, se puso de acuerdo con su hija para que bailara de forma provocativa delante del rey y de sus invitados. Herodes estaba tan fascinado que, cuando la chica hizo su reverencia final, él se puso a sus pies y exclamó: "¡Te daré todo lo que quieras, hasta la mitad de mi reino! ¡Lo que sea!". La chica no pidió un carro Tesla, ni un bolso Louis Vuitton o un apartamento con patio. Pidió lo que su madre le aconsejó: "Dile al rey que quieres la cabeza de Juan el Bautista" (ver Marcos 6:14-29).

Este es un ejemplo bíblico del espíritu de Jezabel en acción. No tenemos lucha contra sangre ni carne. Peleamos contra enemigos invisibles como este espíritu malvado.

Aproximadamente mil años después de la muerte de la reina Jezabel, se escribió el libro de Apocalipsis. Esta obra profética arranca con cartas dirigidas a siete iglesias. En estos pasajes, Jesús describe características, buenas y malas, que ilustran cómo será la Iglesia durante los últimos tiempos. Algunas de estas iglesias reciben muchos elogios. Otras son reprendidas por su conducta despreciable. Algunas son a la vez aplaudidas y advertidas.

En Apocalipsis 2:19-28, dirigiéndose a la iglesia de Tiatira (llamada en algunas traducciones "la iglesia corrupta"), Jesús menciona la descendencia de esta reina malvada:

> *Yo conozco tus obras, tu amor, tu fe, tu servicio, tu perseverancia y que tus obras postreras son superiores a las primeras. Pero tengo contra ti que toleras que esa mujer Jezabel, que se*

dice profetisa, enseñe y seduzca a mis siervos para fornicar y para comer cosas sacrificadas a los ídolos. Yo le he dado tiempo para que se arrepienta, pero no quiere arrepentirse de su fornicación. Por tanto, yo la arrojo en cama; y en gran tribulación a los que adulteran con ella, si no se arrepienten de las obras de ella. A sus hijos heriré de muerte y todas las iglesias sabrán que yo soy el que escudriña la mente y el corazón. Os daré a cada uno según vuestras obras.

Pero a los demás que están en Tiatira, a cuantos no tienen esa doctrina y no han conocido lo que ellos llaman 'las profundidades de Satanás', yo os digo: No os impongo otra carga; pero lo que tenéis, retenedlo hasta que yo venga. Al vencedor que guarde mis obras hasta el fin, yo le daré autoridad sobre las naciones; las regirá con vara de hierro y serán quebradas como un vaso de alfarero; como yo también la he recibido de mi Padre. Y le daré la estrella de la mañana.

Este texto nos sirve de aviso para nosotros hoy de que, aunque Jezabel lleva muerta casi tres milenios, su espíritu está muy vivo.

ASESINOS DE PROPÓSITO

Quizá no habías prestado mucha atención hasta ahora a los malvados hijos de Jezabel, pero cada día luchan por manipular tu corazón y tu mente. Así como la reina Jezabel produjo depresión y desánimo a Elías, lo mismo está ocurriendo hoy en el Cuerpo de Cristo. Sus hijos espirituales trabajan para seducirte y esclavizarte. Anhelan verte callado. Trabajan día y noche para atormentarte e impedir que cumplas el propósito que Dios tiene para ti, y para robarte la paz.

¿Quiénes son los hijos de Jezabel? Son estos espíritus atormentadores y manipuladores:

+ Temor

+ Desánimo

+ Depresión

+ Lujuria

Durante el resto de este libro voy a exponer cómo el enemigo usa estos espíritus para intentar impedir que tú y yo superemos cualquier cosa que intente abrumarnos. También te equiparé con un plan para la batalla destinado a ayudarte a ganar. Estas páginas te equiparán con el conocimiento que necesitas para estar alerta, y con historias bíblicas y confesiones que puedes usar para superar el sentirte abrumado. ¡La Palabra de Dios funcionará si la trabajas!

Al leer las páginas que tienes por delante debes saber que no estoy glorificando los problemas que el enemigo está magnificando en estos últimos tiempos. Te estoy dando una oportunidad para estar muy alerta. Mucho de lo que Jesús enseñó indica que estos espíritus predominantes intentarán influenciar nuestro pensamiento, nuestras emociones y nuestro corazón, nuestra alma y nuestra mente. En el momento en que arrojas luz sobre estos espíritus y los sacas de la oscuridad de la privacidad de tus problemas para llevarlos a la luz de la Palabra de Dios, comienzas a vencer.

¡LA PALABRA DE DIOS FUNCIONARÁ SI LA TRABAJAS!

Por todas partes nos rodea la evidencia del legado perverso de Jezabel que actúa hoy. Ese legado es escalofriante. Lo vemos en el hecho de que el suicidio es la segunda causa de muerte entre las personas con edades comprendidas entre los 10 y los 34 años. Se reporta que alrededor del mundo, en 2019, una de cada cien muertes fue por suicidio.[1] El suicidio es la cuarta causa principal de muerte en términos globales, por delante de los accidentes de tráfico, la tuberculosis y la violencia interpersonal.[2]

Vemos este espíritu devastando a casi una cuarta parte de la población de los Estados Unidos solo mediante los trastornos de ansiedad, la enfermedad mental más común en América.[3] Este espíritu también domina a los hombres y las mujeres adictos a la pornografía, e intenta extinguir la vida de los casi cinco millones de personas forzadas o atrapadas en la explotación sexual.[4]

Vayamos a lo personal. Los efectos del legado de Jezabel pueden mantenernos despiertos en la noche con ataques de pánico y temor al futuro. Encadenándonos a adicciones y dependencias insanas, sus hijos pueden paralizarnos para que no avancemos. Pueden incluso manipularnos con pequeñas cosas, como cuando pasamos más tiempo recorriendo posibles momentos del tipo "y si…" en nuestra mente, que entregando nuestras preocupaciones a Dios, o cuando permitimos que la negatividad domine nuestros pensamientos.

Temor, desánimo, depresión y lujuria pueden aparecer de formas distintas, pero tienen un motivo común: impedir que los hijos de Dios hagan lo que han sido llamados a hacer y sean todo aquello para lo que fueron creados.

Reconocer esto es especialmente importante en este momento, a medida que nos acercamos a la segunda venida de Jesús. El enemigo está en alerta máxima porque sabe que no le queda mucho tiempo. Él usará cualquier medio que sea necesario para impedir tu crecimiento espiritual, distraerte de lo que es más importante, y usar el temor o cualquier emoción indisciplinada para mantenerte lo más lejos posible de vivir a tu máximo potencial.

Pero ¡espera! Dios no nos ha dejado desarmados y sin esperanza.

Aunque el enemigo intenta destruir, sus intenciones por sí solas no garantizan que vaya a lograr su misión. No olvidemos cómo terminó Jesús la carta en Apocalipsis 2: *Pero lo que tenéis, retenedlo hasta que yo venga. Al vencedor que guarde mis obras hasta el fin, yo le daré autoridad sobre las naciones* (vv. 25-26).

Si estás batallando en cualquiera de estas cuatro áreas, puedes tener autoridad sobre este espíritu de Jezabel y sus malvados hijos. Una victoria increíble puede inundar tu vida. Pero, antes, es tiempo de matar el legado. Córtalo de raíz. Jesús usa un lenguaje muy fuerte cuando se trata de estos espíritus. "Mata su influencia, córtala por completo de tu vida", dice Él, porque sabe que te matarán.

Tienes que hacer que estos espíritus dejen de actuar por completo en tu vida en su estado embrionario, porque si los dejas crecer y los alimentas y cobijas, cautivarán tu corazón, destruirán tu mente, y te alejarán de todo lo bueno en tu vida.

Ya sea que estés sufriendo en silencio o a gritos por estos espíritus abrumadores de temor, desánimo, depresión o lujuria, Dios no te ha dejado solo para pelear contra el enemigo y sus huestes que intentan abrumarte.

Hay poder en la sangre de Jesús, poder suficiente para que puedas vencer.

9

ENFRENTA EL TEMOR CON LA FE

Mientras escribía este libro, di positivo a COVID-19. Tenía todos los síntomas de la enfermedad. Sufría dolores, escalofríos, dolor de cabeza, pérdida del gusto y fiebre alta. Por muy malos que eran estos síntomas, lo que parecía peor que el virus era mi temor a él. Cada tos, cada dolor, cada subida de temperatura desataba el temor a estar empeorando. Recuerdo las incesantes preguntas que me mantenían despierto en las noches: *Me cuesta respirar. ¿Debería ir al hospital? ¿Necesitaré un respirador? ¿Saldré de esta?*

El temor era real. Había estado a solas en cuarentena durante varios días, y hubo momentos en los que me despertaba en medio de la noche y mi mente corría a mil por hora por la carretera de las posibilidades negativas. Pensaba en todos los peores casos posibles que te puedas imaginar. Hay una parte de mí que se avergüenza incluso de decir esto. Me refiero a que ¡soy pastor! Se supone que debo ser un profesional en la lucha contra el temor, ¿cierto?

Error. Seas pastor o no, todos luchamos con el temor. Mi temor al COVID-19 fue un momento de crisis que me obligó a tomar una decisión. En momentos así, todos debemos decidir a quién creeremos.

ACLARA TU MENTE

Encontramos esta importante pregunta en Isaías 53:1: "*¿Quién ha creído a nuestro anuncio y sobre quién se ha manifestado el brazo de Jehová?*". En otras palabras, ¿cómo está tu sistema de creencias? ¿Es firme y estable, descansando sobre las promesas de Dios al margen de las circunstancias? ¿O titubea, dependiendo de cómo te sientes en cada momento? ¿Tiendes a subir el volumen de las preguntas negativas del tipo "y si…" y te pones en los peores casos, como hice yo durante las horas de la noche cuando tuve COVID-19?

A medida que lees este libro y te familiarizas más con las señales de los tiempos, decide en qué o quién pensarás. Si no tienes cuidado, te puedes ver envuelto en prestar más atención a los malos reportes que a lo que Dios dice. La clave para superar los tiempos en que te sientes abrumado es renovar tu mente alimentándola con una dieta de oración, adoración, y meditación en la Palabra de Dios.

El mandamiento que nos da la Biblia más a menudo es "no temas" y, por lo general, suele acompañar a la promesa de Dios "porque yo estoy contigo". Sin embargo, si lo permites, el temor te impedirá cumplir la tarea, la misión, el propósito y el sueño para el que Dios te puso en este planeta. Pero, si sintonizas con el poder de Aquel que nos ayuda a vencer el temor, verás la verdad más grande de que *no nos ha dado Dios espíritu de cobardía, sino de poder, de amor y de dominio propio* (2 Timoteo 1:7). Poder, amor y dominio propio vienen de una fuente: la fe.

LA CLAVE PARA SUPERAR LOS TIEMPOS EN QUE TE SIENTES ABRUMADO ES RENOVAR TU MENTE ALIMENTÁNDOLA CON UNA DIETA DE ORACIÓN, ADORACIÓN, Y MEDITACIÓN EN LA PALABRA DE DIOS.

En tiempos abrumadores, una cosa es segura: vivirás por fe o vivirás por temor. Al margen de lo que veamos que sucede a nuestro alrededor, tenemos que cerrar los ojos y escuchar con el corazón. Tenemos que escoger entre ver la verdad mayor de la presencia de Dios, ya que andamos por fe, y no por vista.

MUCHO ALBOROTO POR NADA

Marcos 5:21-43 narra la historia de una niña de doce años, la hija de un líder del templo, que murió por causas desconocidas. Cuando Jesús llegó a la casa donde estaba la niña, se vio rodeado de un alboroto por la tristeza. Los ojos de los familiares y seres queridos de la niña estaban hinchados de tanto llorar. Los gemidos de dolor se oían por toda la casa. Sollozos de negación irrumpían entre los que lloraban con los hombros temblorosos. Cuando Jesús observó la escena, dijo algo extraño: *¿Por qué alborotáis y lloráis? La niña no está muerta, sino dormida* (v. 39).

"Mucho alboroto por nada" es una expresión que usamos actualmente en parte debido a que Shakespeare la hizo famosa en una obra que escribió y que se representó por primera vez en el año 1612, titulada *Mucho alboroto por nada*. La palabra griega para *alborotáis* en este versículo es *thorubeo*, y su raíz significa "estar en un tumulto, por ej., disturbio, clamor; alborotar (hacer ruido), hacer un griterío".[1]

Jesús le preguntó a la familia de esta niña: "¿Por qué hacen tanto alboroto por esta situación?". Antes de continuar, debo subrayar con énfasis que Jesús no estaba restando importancia a la tragedia. No estaba minimizando su dolor. No estaba tratando a la ligera la muerte de la pequeña. Estaba diciendo que, incluso en los momentos más oscuros, incluso cuando el temor de que la muerte ha vencido está presente, es tangible y sofocante, aún entonces sigue habiendo que tomar una decisión: temor o fe. Y, en su peculiar afirmación, Él estaba diciendo a los que lloraban que escogieran la fe.

La situación era grave, pero cuando la comparamos con Aquel que estaba en la habitación, era mucho alboroto por nada. Tenemos que recibir esa palabra en lo más hondo de nuestro espíritu. Al margen de lo que nos suceda, no tenemos por qué temer, entrar en pánico o tomar las riendas. En lugar de eso, podemos contestarle al enemigo y decirle: "¡Estás haciendo mucho alboroto por nada!".

De ninguna manera quiero minimizar tampoco cualquier cosa que estés enfrentando. El temor es real. ¿Qué papel desempeña el temor en tu vida? ¿Te consideras un guerrero o un aprensivo? Ser un guerrero no significa que nunca sientas miedo, por supuesto. Ser un guerrero significa que, cuando el temor amenaza con engullir tu mente, tú declaras fe sobre ese sentimiento y experimentas la cercanía de Dios contigo en ese momento.

HACER FRENTE AL TEMOR

En 2020, la fobia más buscada en Google fue *antropofobia*, una palabra larga que significa temor a otras personas. Estoy seguro de que eso tuvo mucho que ver con la pandemia de COVID-19. Antropofobia comprendía el 22 por ciento de todos los temores en los Estados Unidos, cinco veces más que ese mismo temor del 2019.[2] ¿La fobia más frecuente de Nueva York? El temor a estar solo. ¿En California? El temor a las redes sociales. ¿En Georgia? El temor a lo de afuera. No puedo decir que entiendo este último.

La mayoría de nosotros padecemos más de un temor. Quizá nos da miedo hablar en público y también no tener dinero suficiente para la jubilación. O tal vez nos dan miedo las agujas y también que Dios no escuche nuestras oraciones. Ya sea que nos dé miedo volar o morir, la mayoría de nosotros probablemente podemos decir que hemos sido bombardeados por un espíritu de temor, a veces hasta el punto de paralizarnos o neutralizarnos para que no demos ni un paso más en la vida, ya no digamos nada de cumplir el propósito que Dios nos ha llamado a cumplir.

Entremos en el terreno de lo personal. El temor es una batalla constante en mi caso. No sé por qué Dios me usa a veces, porque verdaderamente soy la personificación de 1 Corintios 1:27, el versículo que dice: *Dios eligió lo que el mundo considera ridículo para avergonzar a los que se creen sabios. Y escogió cosas que no tienen poder para avergonzar a los poderosos* (NTV). Mi temor quizá me hace más débil, pero sé que Dios, que está en mí, es mayor que todos mis temores.

Esto puede parecer una locura, considerando que llevo predicando casi un puñado de décadas, pero nunca he llegado a acostumbrarme del todo a hablar en público. Sin duda, no estoy tan nervioso como cuando empecé porque he aprendido a controlar la ansiedad, pero sé lo que es vivir con oleadas de pánico que te sacuden con tanta fuerza, que parece que apenas si puedes respirar.

Siempre que te embarcas en una misión ordenada por Dios, el enemigo liberará un espíritu de temor contra ti. El temor que sientes burbujea como una lata de soda agitada, lista para explotar; y ese temor te hace sentirte abatido, o lo que la Biblia llama un presentimiento malvado (ver Proverbios 15:15). Nuestras preocupaciones se multiplican y se convierten en algo mayor, en una expectativa negativa que se vuelve totalmente absorbente.

¿Mucho alboroto por nada? Seguro que no te sientes así, ¿verdad? Pero los sentimientos y la verdad son dos cosas distintas. Cuando Jesús está en la sala y nos recuerda su presencia, el temor no tiene cabida. Al margen de lo que vivamos, tenemos que recordarnos que la fe es lo que vence al temor.

El temor dominó gran parte de los años 2020 y 2021 debido a una pandemia muy real. Se perdieron muchas vidas. Eso es real, ¡y duele! Lo que es igualmente real es que, durante los últimos dos siglos, la expectativa de vida en los Estados Unidos se ha duplicado, hasta casi ochenta años. En América, actualmente estamos viviendo más tiempo que en ningún momento de la historia humana. Esto también es cierto en muchos otros países del mundo.[3] Nuestros tiempos están en las manos de Dios. Jesús tiene las llaves del infierno y de la muerte; por lo tanto ¿qué llaves le quedan a Satanás aún? ¡Ninguna! Ni siquiera tiene ya las llaves de su propio reino. Jesús sometió públicamente al diablo y sus secuaces, y Dios le entregó a Jesús todo gobierno y autoridad en esta era y en la venidera. El reino de los cielos lo sabe. El reino de las tinieblas lo sabe. El problema es que muchos cristianos no viven como si lo supieran, así que no están operando desde esa posición de victoria. ¡Dios tiene las llaves de la vida y la muerte!

Mi hermano Richie murió en diciembre de 2012. Tuve el privilegio una vez de llevarlo al médico. Estaba en su última etapa en su lucha contra el cáncer, y estaba delgado y enfermo. Íbamos en el automóvil solo él y yo, y era obvio tanto para Richie como para su esposa y sus hijos que, a menos que Dios interviniera, a la edad de 54 años regresaría pronto a casa para estar con el Señor. De hecho, en su última cita el doctor le había dicho que le quedaban solo unas semanas de vida, un mes como mucho. Richie y yo teníamos mucha cercanía y podíamos conversar de cualquier cosa, pero el día que lo llevé al médico, yo no quería hablar del elefante en la sala: la muerte. Pude ver que Richie quería conversar sobre ello. Seguía empezando y terminando sus frases, hasta que finalmente lo dijo abiertamente. "Jent", dijo, "a menos que Dios haga un milagro, sé que voy a morir".

Nunca olvidaré lo que le pregunté después. Tenía miedo de preguntárselo, pero pude sentir que él necesitaba hablar de ello. "¿Cómo estás?", pregunté. "¿Cómo te sientes? ¿Tienes miedo?".

"No tengo ningún miedo a la muerte", respondió él. "Lo que me inquieta es no poder estar ahí para mi esposa y mis hijos. No quiero que mi esposa lleve la carga de criar sola a la familia".

Richie nunca cedió a entrar en un estado de pavor. Se negó a atormentarse con lo inevitable, y aunque luchaba con sus temores por sus seres queridos que se quedarían en la tierra sin él, no dejó que el enemigo le diera un monólogo. Oraba. Adoraba. Leía la Biblia en voz alta. Luchó contra el temor con la fe.

Cuando escuchas las noticias, o cuando ves las redes sociales y tienes miedo de estar perdiéndote algo, mirando fijamente fotografías de familias perfectas, vacaciones idílicas, o hermosas fiestas a las que no te han invitado, necesitas escoger la fe. Háblale a ese sentimiento de agobio. Recuérdate a ti mismo que Dios está de tu lado, que está contigo, que te tiene en la palma de su mano.

La fe no es negar la realidad. No es una falsa esperanza que finge que no tienes problemas o situaciones que exigen una intervención inmediata. Por eso muchas personas hace años que no visitan al médico. Tienen miedo de oír lo que el médico pueda decirles. ¡Eso es el temor hablando! Me encanta decir que todo es mejor con Jesús, incluso los problemas. Enfrenta y lucha contra el temor con la fe. No niegues lo que está ocurriendo en ti o a tu alrededor. Confronta el temor y enfócate en Dios.

Al igual que mi hermano Richie aprendió a hacer, tenemos que dejar de permitir que el enemigo sea el único que hable. A veces, son los temerosos susurros de nuestra propia imaginación los que tenemos que llevar cautivos. Imagínate todos los temores que bombardean a las personas día tras día: *Mi hija acaba de sacar la licencia de conducir, y me pregunto cuándo será su primer accidente de tráfico. ¿Qué pasa si no puedo tener más bebés? No, él nunca se casará conmigo. No quiero saber el resultado de la biopsia. ¿Y si el tratamiento no funciona? ¿Qué hago si me despiden? ¿Y si no puedo dejarlo? ¿Qué hago si me ascienden y comprueban que no soy tan buena? ¿Y si mi cónyuge deja de amarme? ¿Y si ella descubre cómo soy realmente?*

Podría llenar una enciclopedia escribiendo todos los temores que ocupan espacio en nuestra mente. A veces, solo tenemos que pararnos y callarle la boca al temor. Si no puedes oír nada por encima del nivel de decibelios de tu temor, saca la Biblia y empieza a leerla. Eso no eliminará por completo el temor de tu vida, pero te ayudará a debilitar el poder que tiene sobre ti.

SIÉNTELO, PERO NO ACTÚES EN CONSECUENCIA

El enemigo es un experto en hacernos caer en el temor de lo que podría pasar. Pienso en la reina Jezabel y cómo Elías tuvo que superar el temor. La Biblia nos dice que el profeta había llamado al rey, a la reina y a la nación de Israel a arrepentirse, pero los dos líderes rehusaron hacerlo. En una dramática confrontación con los dioses falsos, Elías oró que cayera fuego del cielo, el cual consumió el altar que había construido e inundado de agua después. Tras esa muestra del poder de Dios, Elías entonces ordenó matar a los 450 profetas de Baal (ver 1 Reyes 18).

Eso enfureció a la reina, la cual juró matar a Elías, y él huyó al desierto, encontrando refugio debajo de un enebro. *¡No puedo más!*, clamó. *¡Quítame la vida!*, le suplicó a Dios (ver 1 Reyes

19:4, RVC). Después descendió un ángel del cielo y alimentó al profeta. Observemos que la Escritura no dice nada superespiritual acerca de la situación de Elías, sino más bien que el ángel cuidó de sus necesidades físicas: "Tranquilo. Échate una siesta. Regresaré con algo para comer. Lo primero es lo primero".

Esto puede parecer extremo, pero era una situación extrema. Estamos hablando de un profeta que, mediante el poder de Dios, acababa de matar a 450 profetas de Baal, y ahora quería morirse porque temía a una reina despiadada. Pasaron cuarenta días y cuarenta noches, y cuando Elías recobró la fortaleza física y espiritual, se levantó y salió de debajo del enebro, y enseguida regresó al palacio. Esta vez, no tenía miedo. En una advertencia profética, le dijo al rey: *Así ha dicho Jehová: En el mismo lugar donde lamieron los perros la sangre de Nabot, los perros lamerán también tu sangre, tu misma sangre* (1 Reyes 21:19).

En la esfera natural Elías tenías miedo, y con razón, pero algo sucedió en él. Comparada con Dios, Jezabel era mucho alboroto por nada. Comparado con Dios, cualquier enemigo o problema que estés enfrentando te prometo que es mucho alboroto por nada. No permitas que el temor domine tu vida. Actúa primero en fe.

La fe lucha contra los sentimientos. No tienes que sentirte de cierta manera para ejercitar la fe y seguir creyendo, incluso cuando tienes miedo al mañana, cuando tienes miedo a que la promesa no se vaya a cumplir, o cuando estás aterrado porque no sabes si tu hijo sobrevivirá una noche más. La fe dice: *A pesar de lo que siento, Dios está aquí. Él es real, y está vivo, ¡y no dejaré que mis sentimientos me impidan creerle y alabarle!*

COMPARADO CON DIOS, CUALQUIER ENEMIGO O PROBLEMA QUE ESTÉS ENFRENTANDO TE PROMETO QUE ES MUCHO ALBOROTO POR NADA.

Imagínate cómo debió sentirse Noé en el arca el día 39 del diluvio, con cada animal que Dios había creado y una sola ventana. Y, a medida que el gigantesco barco se mecía con las incesantes olas día tras día, noche tras noche, para arriba y para abajo, Noé debió haber luchado con las náuseas y las dudas. Pero ¿sabes algo? Se mantuvo fiel a Dios en el barco. Quizá no se sentía muy bien, pero se aferró a la promesa de una tierra seca, al margen de cuán frustrado o mal pudo sentirse.

¿Y Job? ¿El hombre que lo perdió todo, incluyendo sus hijos, su negocio, su hogar, su dinero, sus ganados? Imagínate la montaña rusa de sentimientos que debió haber vivido. Enojo, tristeza y desesperación carcomiendo cada gramo de cordura y esperanza que le había quedado. No sabía por qué Dios había permitido una tragedia así, pero sí sabía una cosa: que su Redentor vivía y que Dios es quien da y quien quita, bendito sea su nombre.

La ironía en el cristianismo es que, incluso cuando no nos sentimos fuertes, somos fuertes. Se nos dice que la gracia de Dios se perfecciona en nuestras debilidades (ver 2 Corintios 12:9). ¿Entiendes que, incluso cuando estás muerto de miedo, eres un gigante? Incluso cuando estás temblando ante el enemigo que tienes delante, ¡mayor es el que está en ti que el que está en el mundo!

No actúes en consonancia con tus sentimientos. No les permitas que decidan la dirección que tomará tu día, tu estado de ánimo, o las decisiones que tomas. Escoge activar tu fe orando, adorando, alabando y leyendo la Biblia. Afirma la Palabra de Dios en tu espíritu. No repitas o estés de acuerdo con los susurros de temor que oyes en tu mente; afirma lo que Dios dice.

El escenario está preparado para que se desarrolle el drama de los siglos. Aunque el caos será la nueva normalidad, el pueblo de Dios puede escoger vivir con una esperanza firme en un mundo inestable. Toma hoy mismo la decisión de vivir por fe y no por sentimientos.

TEMOR A LAS INCERTIDUMBRES DE LOS ÚLTIMOS TIEMPOS

Uno de estos días en la mañana, a mediodía o a medianoche, sin aviso, como un ladrón en la noche, de repente aparecerá Jesucristo. Millones de cristianos desaparecerán de sus hogares, empresas, escuelas y oficinas. Personas de todas las edades, razas y ámbitos de vida de repente desaparecerán. Las conversaciones se verán interrumpidas súbitamente. Una persona será tomada, mientras que otras se quedarán. Familias estarán comiendo juntos en la mesa cuando, de repente algunos de sus integrantes serán tomados, mientras que el resto será dejado. Automóviles se quedarán sin conductores y chocarán en las autopistas, aviones se estrellarán en los campos, bebés desaparecerán de las cunas, y niños desaparecerán de las escuelas. El temor correrá desenfrenado mientras se hacen la misma pregunta angustiosa una y otra vez en las casas, escuelas, calles y fábricas donde la gente haya desaparecido: "¿Dónde están?".

El mundo entero entrará en un estado de histeria a medida que las personas vean imágenes en televisión, oigan reportes en la radio, y lean historias en el Internet anunciando que decenas de millones de personas han desaparecido. Gritos y lloros llenarán el aire en cada ciudad y comunidad. Se cerrarán estadios, y los restaurantes parecerán vacíos. Empresas se paralizarán, las ruedas de las industrias se detendrán en seco, muchos puestos importantes del gobierno y el ejército se quedarán vacantes. La economía y la infraestructura mundiales comenzarán a hundirse.

Los medios de comunicación cerrarán y las redes eléctricas fallarán mientras el mundo se sumerge en el caos. La gente entrará en pánico, sin creer lo que están viendo u oyendo. Buscarán frenéticamente a sus familiares perdidos y compañeros que han desaparecido, solo para darse cuenta de que los que faltan no aparecen por ningún lado. Jesucristo habrá regresado otra vez. El pánico y la conmoción del mundo serán la oportunidad propicia que Satanás había estado esperando.

Lo que acabo de describir no es la escena inicial de una película. Es una descripción del rapto de la Iglesia. Hay mucho que no sabemos, detalles que aún no han sido revelados, pero con base en lo que he investigado y estudiado, junto a otros teólogos y eruditos, esta es una perspectiva a vista de pájaro de lo que está por venir: aparecerá el anticristo, Satanás encarnado, y con él llegarán los siete años de tribulación. La primera mitad de este periodo incluirá una prosperidad sin precedentes. Habrá una paz como el mundo nunca ha conocido. Los hambrientos serán alimentados, los indigentes encontrarán refugio, y los pobres tendrán medios para sobrevivir. Las guerras cesarán. La unidad reinará. El anticristo establecerá una liga y un pacto entre las naciones árabes e Israel. Gobernará desde la ciudad de Jerusalén y establecerá su propio gobierno.

Sin embargo, cuando estos tres años y medio terminen, el anticristo cambiará su carácter y su lealtad. Demandará que todas las personas de la tierra lo adoren. No solo eso, sino que la Biblia dice que desafiará al Dios de los cielos, e incluso retará a los habitantes de la tierra que amen a Dios. Todo tipo de juicios caerán sobre la tierra, y la paz que existía quedará destruida.

Al final de este periodo de siete años comenzará la batalla de Armagedón. El mundo se unirá contra Israel y se reunirán para luchar en el valle de Meguido. Este será un escenario descompensado incluso peor que el de David cuando fue a luchar contra Goliat. Cuando Israel esté a punto de ser aniquilado, luchando por su vida con cada gramo de fuerza, Jesús regresará. Pondrá su pie sobre el Monte de los Olivos e intervendrá de manera sobrenatural a favor de la nación de Israel, y con Él vendrán todos los que fueron raptados siete años antes (ver Zacarías 14:4-5, donde se anuncia este resultado final de la batalla).

Al leer este relato resumido de los últimos días que acabo de darte, estoy seguro de que puede provocar temor en ti. Quizá veas que esta es la batalla definitiva entre el temor y la fe, pero aquí tienes algo de ánimo a la luz de lo que pueden considerarse tiempos que dan miedo: cuando Pablo habló de la segunda venida de Cristo en 1 Tesalonicenses 4:13-18, no terminó su explicación del acontecimiento diciendo a sus lectores que empezaran a tomar píldoras para la ansiedad, que cruzaran los dedos y que esperaran lo mejor. Lo que escribió fue: *Alentaos los unos a los otros* (v. 18).

En otras palabras, este tiempo puede llevarnos a la unidad, a alentarnos los unos a los otros con la esperanza que tenemos más allá de todos estos acontecimientos. Nuestra esperanza no está en la política, la ciencia o la humanidad. Nuestra esperanza está en la certeza de la segunda venida de Jesucristo. No sabemos el tiempo exacto de su venida, pero Jesús nació a tiempo, murió a tiempo, resucitó de la muerte a tiempo, y regresará por segunda vez a tiempo. Dios tiene todo bajo control. No te dejes llevar por la histeria de los titulares. No te desalientes con las fábulas pesimistas.

El pueblo de Dios no tiene que estar ansioso ni inquieto. En un mundo oscuro, debemos tener esperanza.

LA FE COMO EL LUCHADOR SUPREMO CONTRA EL MIEDO

La Biblia nos dice: *Pelea la buena batalla de la fe, echa mano de la vida eterna, a la cual asimismo fuiste llamado, habiendo hecho la buena profesión delante de muchos testigos* (1 Timoteo 6:12).

Ese es un mandamiento valiente. Cuando lo leí por primera vez no podía entender bien cómo una batalla podía ser "buena". Nunca antes había experimentado una buena batalla, ya que siempre era yo quien se llevaba los golpes. Pero ¿sabes por qué la Biblia dice que la batalla de la fe es buena? Porque sabemos quién gana. ¡Dios!

La fe nunca ha perdido una batalla. Si luchas contra el temor en tus propias fuerzas, con tu propia voluntad y tu propia autodisciplina, te preocuparás horriblemente. Pero, si comienzas a activar tu fe, tu fe luchará y derrotará al temor, ¡y las presiones de la vida no te superarán! Sí, las presiones llegarán e intentarán aplastar tu espíritu, pero no ganarán.

Piensa en la fe como si fueran los "glóbulos blancos" de tu anatomía espiritual. En lo físico, estas células blancas de la sangre son una parte muy importante del sistema de defensa natural de tu cuerpo porque son las células que se tragan las bacterias y la enfermedad. En lo espiritual, el temor es como una infección que ataca tu espíritu. La fe se levanta y acude como los glóbulos blancos para defenderte de ese ataque.

El temor hará morir las promesas de Dios. La fe, por el contrario, dará vida. ¿Recuerdas a la mujer con flujo de sangre que se acercó a Jesús para tocarlo, segura de que simplemente tocando el borde de su manto se pondría bien? Un acto de fe en su vida le produjo un milagro (ver Marcos 5:24-34).

También me imagino la conversación que María Magdalena, María la madre de Santiago, y Salomé podrían haber tenido con los vecinos que habían escuchado que iban de camino a ungir el cuerpo sin vida de Jesús después de su crucifixión:

"¿Cómo van a ungir el cuerpo? ¡El sepulcro está tapado con una piedra!".

"No lo sabemos bien, pero vamos de todos modos".

"Pero hay un sello romano en el sepulcro. ¡Se meterán en problemas si lo rompen!".

"Es cierto. Pero aun así vamos a ungir su cuerpo".

"¡Pero también hay guardias!".

"Sí, ya lo sabemos. Aun así vamos. ¡Ahora, déjennos ir!".

Y, cuando estas tres mujeres llenas de fe llegaron al sepulcro, estaba vacío. Jesús estaba vivo (ver Marcos 16:1-7). En otras palabras, la fe produce vida en lo que nos parece que está muerto. Gracias a su fe, ¡las mujeres encontraron vida donde había habido muerte! El temor produce desconfianza en las promesas de Dios. Permite que tu fe luche contra tus temores, y recibe al Jesús vivo, ¡quien te da la promesa!

La fe también lucha contra los hechos. Los hechos no mienten, pero la fe puede superar a los hechos. Era un hecho que Goliat tenía todas las probabilidades de vencer en su lucha contra el joven David, pero solo la fe pudo hacer que un adolescente lanzara la piedra apropiada al lugar correcto en el momento apropiado. Quizá era un hecho que Abraham y Sara habían superado con mucho los años fértiles de su vida, pero la fe hizo posible que pudieran tener una fiesta de bienvenida del bebé y recibieran en el mundo a ese niño. Los hechos dicen que el agua no puede soportar el peso de un hombre adulto (o de cualquier otro ser humano), pero de algún modo Pedro caminó sobre el mar. Podría continuar. ¡Tan solo al escribir esto se está activando mi propia fe!

Algo que he notado es que los dichos que tenemos como humanos se ven muy distintos en el lenguaje de Dios. Por ejemplo, cuando estamos a punto de correr una carrera o hacer algo importante, quizá decimos algo como: "¡Preparados, listos, ya!". Pero Dios lo dice así: "¡Ya, listos, preparados!". Yo no estaba preparado cuando Dios me llamó a casarme. Tenía veinticinco años, y el matrimonio me daba mucho miedo. Eso era un hecho. Cherise solo tenía dieciocho, pero el tiempo de Dios no era nuestro tiempo, y aquí estamos hoy. Yo no estaba preparado para pastorear la iglesia cuando llegó el momento de hacerlo. Pensaba que era demasiado pronto. Pensaba que era demasiado joven. Creía que nadie me respetaría; pero Dios dijo: *¡Ya, listo y yo te prepararé! Yo no llamo a los preparados; preparo a los llamados.*

La fe luchará por nuestro futuro. Para el creyente, mañana no es un salto a la oscuridad. Si tienes fe, sin importar dónde estés en este momento, no tienes por qué tener miedo al futuro. Aunque la incertidumbre parezca la verdad más certera, recuerda lo que Jesús dijo cuando los discípulos le preguntaron sobre los últimos días. Hablamos en el capítulo 7 acerca de que, después de hablar de las señales de los tiempos y de la destrucción del templo de Jerusalén, cosas que harían temblar de miedo hasta el alma más valiente, Él cerró con estas palabras: *Cuando estas cosas comiencen a suceder, erguíos y levantad vuestra cabeza, porque vuestra redención está cerca* (Lucas 21:28).

Por lo que yo oigo y veo en las redes sociales, la ansiedad por los últimos tiempos está por las nubes. ¿Estamos cerca? ¿La intensa división política y racial en los Estados Unidos significa que estamos al borde de una guerra civil? Ya sea que te pases el día leyendo sobre teorías conspiratorias sobre la vacuna o estés intentando saber si te casarás antes de que Jesús regrese, esta es una palabra de Dios para ti: *Erguíos y levantad vuestra cabeza.*

Independientemente de donde Dios te tiene o hacia dónde te esté llevando, debes saber que el temor no es parte de esa ecuación. ¡El dedo de Dios nunca señala hacia donde la mano de Dios no provee! No tengas miedo a la muerte. No tengas miedo a los demonios. No tengas miedo a la enfermedad. No tengas miedo a la calamidad. No tengas miedo al final de este siglo. ¿Por qué? Por que Cristo es Emanuel, y Emanuel significa tres cosas:

1. Él es Dios en nosotros.

2. Él es Dios con nosotros.

3. Él es Dios por nosotros.

Dios está comprometido a ayudarnos a vencer nuestros temores. Cuando decides ser un guerrero y no un aprensivo, te conviertes en un vencedor en su reino. ¿Vivirás en temor o en fe?

La decisión es tuya.

10

DESMANTELA EL DESÁNIMO

No hay duda de que Dios planta sueños en el corazón de cada persona. Un sueño es un destino dado por Dios. Podría ser algo que Dios te está llamando a hacer o a ser, algo para lo que te ha dado la habilidad innata, el talento y la oportunidad de llevarlo a cabo. Podría ser una visión que tienes para tu matrimonio, para tu familia, para tu lugar de trabajo, para tus vecinos, o para tu comunidad.

Pero, por el camino, algo ha ocurrido. Las pesadillas del infierno están siempre pisando los talones a los sueños de Dios. Seguro que has sentido el desánimo catastrófico, las puertas cerradas, los rechazos, los problemas económicos, la enfermedad, la falta de crecimiento.

Si no puedes soportar la pesadilla del infierno, nunca experimentarás el sueño del cielo para tu vida.

He descubierto que cuando las personas no se rinden, es también el momento en el que se produce la oportunidad más grande. Todo lo que quieres lo conseguirás si no te rindes. Lo creas o no, la pesadilla es el camino hacia tu destino porque purifica tus motivos y prueba tu carácter. Los problemas son tu senda hacia el triunfo. Tu dolor es tu senda hacia darle a Dios una mejor alabanza. El lío en el que estás metido es tu camino hacia las cosas milagrosas de Dios en tu vida.

Mientras más te acercas a cumplir tu propósito, más difícil es todo. Es como una mujer que, anhelando ser madre, queda embarazada. Está viviendo su sueño de la maternidad y disfrutando del viaje, pero cuando llega el momento de dar a luz, ese sueño solo nace mediante la experiencia de un dolor intenso.

El Calvario fue el camino hacia el sueño de la Iglesia. Dios dijo: *Tengo un sueño. Quiero una iglesia.* Jesús dijo: *Yo edificaré mi iglesia, y las puertas del Hades no prevalecerán contra ella.* Y las fuerzas del infierno dijeron: *No pensamos lo mismo. Nosotros te detendremos. Te clavaremos a una cruz.* Pero, cuando Jesús salió de esa tumba, ¿sabes qué? La pesadilla se convirtió en el camino hacia el sueño.

Si hoy estás batallando contra el espíritu de desánimo y estás oyendo voces que te dicen que te rindas, quiero recordarte que, sea cual sea el sueño que Dios ha plantado en tu vida, Él ha prometido que lo terminará. Filipenses 1:6 nos lo dice: *El que comenzó en vosotros la buena obra la perfeccionará.*

RECOGE TUS SUEÑOS ABANDONADOS

Quizá conoces la historia del Antiguo Testamento sobre Abraham y Sara cuando tuvieron un hijo llamado Isaac. Pero, antes de Isaac, Abraham tuvo otro hijo llamado Ismael. Mientras esta pareja estaba esperando su hijo prometido, Sara decidió que no podía esperar más, y animó a Abraham para que durmiera con su sierva Agar. Abraham accedió, y Abraham y Agar tuvieron un hijo llamado Ismael. Pero, a su tiempo, nació Isaac de Abraham y Sara. Ismael no era el hijo escogido.

Sara lamentó su impaciencia y exigió que Abraham expulsara a Agar e Ismael de su casa. En Génesis 21 vemos a Abraham preparando comida y agua para ellos dos y despidiéndolos para que emprendieran su camino. Mientras Agar y su hijo recorrían el desierto de Beerseba, se quedaron sin agua. Y también sin comida. Sin una reserva y bajo un sol abrasador, madre e hijo se enfrentaban a la muerte. Sin fuerza alguna en ellos, Agar puso a su hijo que apenas estaba consciente bajo la sombra de un matorral y se alejó, gimiendo. No podía soportar ver lo que sabía que le sucedería. *No veré cuando el muchacho muera*, clamó ella (v. 16).

En el que probablemente era el peor momento de su vida, Agar abandonó su sueño. Vagando por un desierto sin comida, sin agua, y sin recursos, en un momento de profundo desánimo, dejó morir a su hijo y se alejó porque estaba demasiado afligida como para verlo sufrir. Pero ocurrió algo asombroso: *"Oyó Dios la voz del muchacho"* (v. 17).

Si tienes un sueño dado por Dios, ese sueño puede clamar a Dios como la voz de Ismael, incluso aunque tú lo hayas abandonado. Dios escuchó el sueño perdido de Agar, y la apenada mujer escuchó del cielo: *¿Qué tienes, Agar? No temas, porque Dios ha oído la voz del muchacho ahí donde está. Levántate, toma al muchacho y tenlo de la mano, porque yo haré de él una gran nación* (v. 17-18). Dios se deleita en devolvernos nuestros sueños.

Si estás soportando una pesadilla, llegará el momento en que experimentarás la restauración del sueño. El desánimo quizá te ha abrumado hasta el punto de querer rendirte y tirar la toalla con respecto a lo que en un tiempo creías que Dios te había prometido. Pero Él no ha terminado aún contigo.

SI DIOS PLANTÓ UN SUEÑO EN TU CORAZÓN, AL MARGEN DE CUÁL SEA SU ASPECTO AHORA MISMO O DE DÓNDE LO HAYAS PODIDO ABANDONAR, ES TIEMPO DE RECOGERLO. QUÍTALE EL POLVO Y VUELVE A PONERLO EN LAS MANOS DE DIOS.

TODOS NOS DESANIMAMOS

En la escena de inicio de *Qué bello es vivir* vemos una sucesión de casas y oímos las oraciones que elevan sus ocupantes:

Se lo debo todo a George Bailey. Ayúdalo, amado Padre.

José, Jesús y María, ayuden a mi amigo, el Sr. Bailey.

Ayuda a mi hijo, George, esta noche.

La plétora de oraciones de los amigos y familiares de George Bailey llega hasta el cielo y capta la atención de dos ángeles llamados José y Franklin. Ellos deciden enviar a un ángel novato, Clarence, a la tierra para ayudar a un hombre llamado George Bailey. José envía a Clarence, el cual pregunta qué le ocurre a ese hombre.

"¿Está enfermo?".

"No, es peor", responde Franklin. "Está desanimado. Exactamente a las 10:45 de la noche, hora de la tierra, ese hombre considerará seriamente deshacerse del regalo más grande que Dios le ha dado".[1]

Este regalo al que el ángel se refiere es la vida de George Bailey. La desesperación de este hombre ilustra lo total y destructivo que puede llegar a ser el desánimo.

¿Recuerdas que Elías le pidió a Dios que le quitara la vida cuando la reina Jezabel lo amenazó de muerte? Eso es lo que puede hacer el desánimo; te hace deshacerte de tu potencial y del propósito de Dios para tu vida. Si no luchas contra el espíritu de desánimo, detendrá tu progreso. Perderás el valor necesario para lanzarte, correr riesgos, e intentarlo. El espíritu de desánimo amenazará con derribarte.

Quizá tu desánimo en este momento se debe a una pandemia que canceló tu sueño. O puede que el desánimo llegue cuando oras por algo y parece que llevas esperando toda una vida y no hay respuesta. Quizá te sientas suficientemente desanimado para rendirte después de recibir otro rechazo más u otra negativa. Cuando haces las cosas bien y sufres, mientras que otros parecen prosperar sin esfuerzo, el desánimo no tardará mucho en presentarse.

No te avergüences por sentirte desanimado. El desánimo se lleva lo mejor de nosotros. Juan el Bautista llegó a un punto en el que estaba devastado, no solo porque lo habían encarcelado, sino también porque quería que Jesús le asegurara que estaba haciendo lo correcto. Como muchos de nosotros, Juan solo quería ver si sus esfuerzos estaban siendo en vano o no. Este es el mismo Juan que tenía una relación cercana y personal con Jesús, el que había anunciado acerca de Jesús: *¡Éste es el Cordero de Dios, que quita el pecado del mundo!* (Juan 1:29). Juan tuvo una revelación personal del Mesías; sin embargo, hacia el final de su vida se sintió abandonado y lleno de dudas. Le envió un mensaje a Jesús, preguntándole: *¿Eres tú aquel que había de venir o esperaremos a otro?* (Mateo 11:3). En otras palabras, Juan se preguntaba: *¿Fui yo que me imaginé todas estas cosas? ¿Realmente ocurrieron? ¿Habré asumido una identidad equivocada? ¿Realmente es Jesús el verdadero?*

El desánimo te hará cuestionarte lo que previamente afirmaste sobre tu fe en Dios. Juan estaba tan desanimado que, como consecuencia de ello, entretuvo la idea de buscar a otro en lugar de Jesús para su esperanza. Cuando te veas tentado a alejarte de Jesús porque no está actuando como quieres que actúe, corres el peligro de que el desánimo te abrume. El desánimo te hará retroceder a un lugar al que ya no perteneces: a los atracones de comida, el consumo, el sexo ilícito, los "me gusta" en las redes sociales; es decir, todo lo que te haga sentir mejor temporalmente, cualquier cosa que te suba la dopamina o te haga insensible al dolor de querer acabar con todo.

Para combatir el desánimo, antes debemos aprender una lección sobre el tiempo: el tiempo de Dios es mejor que el nuestro. Si queremos vencer a este hijo de Jezabel que es el desánimo, debemos aprender a esperar.

APRENDER A ESPERAR

Mientras exista la tierra, la Biblia nos dice que habrá estaciones: primero viene la estación de la siembra, después el tiempo de esperar a que crezca la cosecha; y finalmente la cosecha (ver Génesis 8:22). No podemos olvidar la etapa entre la siembra y la cosecha. Para recolectar esa cosecha, tenemos que aprender a esperar. Como dicen las Escrituras: *Porque a su tiempo segaremos, si no desmayamos* (ver Gálatas 6:9). No podemos recoger la fruta antes de que madure. Dios envió a su Hijo cuando llegó el cumplimiento del tiempo (ver Gálatas 4:4).

Un cactus que se llama la reina de la noche es muy parecido a un arbusto muerto hasta que llega el momento de la floración. Durante una sola noche en todo el año, florece con flores blancas de unos veinte centímetros de anchura. Estamos hablando de 364 días de esperar una floración. Cada siete años florecen flores blancas y moradas del lirio gigante del Himalaya de tres metros de altura. En estas plantas vemos el tipo de paciencia necesaria para poder ver el florecimiento de algo hermoso.

Esperar con paciencia no es innato para la mayoría de las personas. ¿Qué estás esperando hoy que te produce un nudo en el estómago por la ansiedad? ¿Qué es eso por lo que has perdido la pasión porque no se ha producido como tú esperabas? ¿Qué oraciones llevan sin recibir respuesta tanto tiempo, que te has aislado y metido a gatas aún más en la cueva del desánimo?

¿Alguna vez has tenido un artículo único hecho especialmente para ti? Quizá fue una pulsera o un diario con tu nombre grabado. Quiero que empieces a pensar en la espera como algo diseñado a la medida, una tormenta solo para ti, creada para acercarte un paso más a tu destino. ¿Te acuerdas de Jonás, el profeta a quien Dios llamó a predicar a la ciudad de Nínive, pero que huyó en lugar de obedecer y terminó en el estómago de un gran pez? La historia de Jonás nos enseña acerca del Maestro Diseñador que está detrás de nuestras etapas de espera y lo que Él ha hecho a la medida para nosotros.

Jonás 1:17 dice: *Pero Jehová tenía dispuesto un gran pez para que se tragara a Jonás*. Después, unos cuantos capítulos más adelante, leemos que *Jehová Dios dispuso que una calabacera creciera sobre Jonás para que su sombra le cubriera la cabeza y lo librara de su malestar* (Jonás 4:6). En el siguiente versículo, la Biblia nos dice que Dios prepara una cosa más para Jonás, esta vez un gusano. Piensa en el tiempo que fue necesario para todos estos preparativos. Dios debió haber empezado a diseñar la planta a fin de que creciera lo suficiente para que Jonás viviera debajo, incluso antes de que el pez se tragara a Jonás, y aun antes de que Jonás sufriera la tormenta, en medio de la cual sería arrojado por la borda.

La próxima vez que quieras acelerar, atravesar y salir de la tormenta, piensa que Dios no se ha olvidado de ti. Él está ocupado diseñando eventos que producirán bendiciones en tu vida. Espera y verás.

Cuando nuestros hijos eran pequeños, Cherise y yo decidimos llevarlos a pescar. Cada uno tenía su propia caña de pescar, y yo ayudaba a cada uno poniéndoles un gusano vivo en el anzuelo.

(Bueno, en verdad a Cherise se le daba mejor poner los cebos que a mí). Los niños estaban emocionados por este nuevo juego, asombrados de los sinuosos gusanos y listos para lanzar la caña en el lago y sacar una perca atruchada. Pero, cinco minutos después de lanzar las cañas al agua, se pasó la novedad. Los chicos empezaron a quejarse y a gemir: "¡Se tarda mucho en pescar!". "¡Me aburro!". "¿Cuándo va a pasar algo?".

Se me ocurrió una idea. Le dije a una de mis hijas que yo sostendría su caña mientras ella iba a ver a su mamá para que le diera algo para mí. En su ausencia, pesqué un pez, lo quité de mi caña y lo puse en la suya. "Mira, cariño", le dije cuando regresó, "¡hay algo en tu caña!".

Del grito que dio esa pequeña, casi se me rompe el tímpano. "¡Mira! ¡He pescado uno! ¡He pescado uno!". Y entonces, cuando sacó la caña, había un pez en el anzuelo. Ella me miró, con sus ojos emocionados de orgullo, y exclamó: "¡He pescado, papi! ¡He pescado un pez!".

Si estás en un tiempo de espera y te paree aburrido o abrumador, o si estás a punto de rendirte, recuerda que Dios está haciendo algo por debajo de la superficie. Tu Padre está poniéndote un pez en el anzuelo. Te tiene en la palma de su mano, y te está diciendo: *Bástate mi gracia*, ¡y tiene mucho más preparado para tu vida si no te rindes!

Cuando Dios está haciendo algo grande en tu vida, no puedes apresurarlo. A veces, los mejores milagros toman tiempo.

LA BENDICIÓN EN EL PARTIMIENTO

No solo los milagros tardan más de lo que nos gustaría, sino que también frecuentemente llegan mediante métodos extraños. A menudo, nuestros avances llegarán después de nuestro quebranto. Para combatir el desánimo, cambia la forma en que ves incluso las circunstancias más desalentadoras.

La historia de la alimentación de los cinco mil está escrita en los cuatro Evangelios. La vimos en el capítulo 4, pero regresemos a ella de nuevo por un momento. Jesús estaba enseñando a una multitud en Betsaida de cinco mil personas, sin contar a las mujeres y los niños. Empezaba a oscurecer cuando los discípulos sugirieron que Jesús despidiera a la multitud para que pudieran regresar a sus casas antes de que se fuera toda la luz del día y conseguir algo de alimento y descansar. Pero Jesús tenía otra sugerencia: les dijo a sus discípulos que mejor alimentaran ellos a la multitud. La única comida que pudieron encontrar ellos fue la merienda de un niño, que consistía en cinco panes y dos peces. Para Jesús, eso era más que suficiente. Él tomó la comida, la bendijo, la partió, y se la dio a sus discípulos para que empezaran a repartirla.

EL PARTIMIENTO DE LA VIDA PRODUCE LA BENDICIÓN DE LA VIDA. ESTA ES UNA LEY ESPIRITUAL.

Es interesante observar que, mientras Jesús estaba orando por la comida, la cantidad aún era de cinco panes y dos peces. Nada había cambiado. Fue solo cuando partió la comida y empezó a distribuirla entre la multitud, cuando la comida se multiplicó. Entonces, Jesús y los discípulos comenzaron a perder la cuenta de cuánta comida había. Cada hombre, mujer y niño había comido, y además sobraron doce cestas llenas de pedazos.

Jesús alimentó a la multitud mediante el partimiento del proceso. El partimiento de la vida produce la bendición de la vida. Esta es una ley espiritual.

Cuando te sentiste desalentado en tu etapa de quebranto, Dios no estaba intentando acabar contigo, sino que se estaba preparando para bendecirte. Las bendiciones llegan después del rechazo, la traición, el desánimo y la pérdida. Puede que no te parezca que te esté sumando nada, pero la mayor bendición surge de los partimientos más difíciles. Eso mismo que estás maldiciendo es justamente lo que Dios va a usar para multiplicar y bendecir tu vida.

Ahora bien, esto es lo que ocurre. Dios es un buen chef, y también se le dan bien las matemáticas. Incluso tiene un libro en la Biblia llamado Números. Cuando el pueblo de Israel vagaba por el desierto durante cuarenta años, Dios proveyó para ellos de la panadería del cielo. Cada mañana cuando se levantaban, encontraban el maná que Dios les había preparado. Como a Dios no le gusta desperdiciar, hacía solo el maná suficiente para un día. No había sobras. Es una gran lección para nosotros hoy: debemos depender de Dios día a día.

Y, en otras ocasiones, Dios nos da otra lección: abundancia. Cuando Dios cocina, sabe cuántos comensales hay en la mesa. Por lo tanto, cuando el estómago de la multitud comenzó a rugir, Jesús sabía cuánta comida necesitarían para quedarse satisfechos. Podía haber sido preciso. Podía haber partido lo justo para alimentar a cinco mil personas (más las mujeres y los niños) y detenerse ahí. Él supo cuando ya había suficiente para la última persona que necesitaba comida, pero lo diseñó a propósito para que sobrara. Él siguió partiendo más que suficiente, ya que decidió darles hasta rebosar.

Nunca dejes que las personas te digan que Dios solo quiere darte suficiente. Eso suena realmente religioso cuando las personas lo dicen, pero Dios no solo quiere darte lo justo. El nombre de Dios es *El Shadai*, no *El Tacaño*. En hebreo, *El Shadai* significa más que suficiente.[2] Él es un Dios de rebosar, y no se conforma con darte solo lo justo, sino que quiere darte de más.

Quiero que entiendas hoy que la bendición de Dios es mayor que nuestra capacidad para contenerla. No está limitada a lo que tu copa o la mía dice que podemos contener. Cuando Él bendice lo que ha partido, quedará apretado, remecido y rebosante.

El partimiento es doloroso. Sentimos como si no pudiéramos respirar. El techo se te viene encima, y no encuentras ni un solo rayito de esperanza. Al igual que Elías, puede que incluso quieras tirarte bajo un árbol y morir. O como Jonás, que hizo prácticamente lo mismo. Quiero que sepas que lo que estás atravesando hoy es precisamente lo que Dios usará para traer la bendición.

ANIMA A ALGUIEN

¿Recuerdas cuando Elías se enteró de que la reina Jezabel se había propuesto acabar con su vida, y huyó al desierto? Mientras estaba allí angustiado, Dios envió a un ángel que lo alimentaba. Dios le estaba fortaleciendo para el viaje que tenía por delante. Elías encontró una cueva y se metió en ella. Continuó su diatriba autoderrotista y le rogó a Dios que lo dejara morir. ¿Sabes lo que Dios le dijo que hiciera? Salir de ese lugar e ir a ungir a tres personas (ver 1 Reyes 19:15-16).

Si estás desesperado por salir de una cueva de desánimo, ve y anima a alguien. ¿Cuándo fue la última vez que compartiste esperanza con alguien? ¿O que oraste por ellos cuando lo necesitaban? ¿Cuándo fue la última vez que bendijiste a otro en lugar de esperar tu propia bendición?

Dios sabía que, mientras Elías estuviera enfocado en sí mismo y en su desánimo, seguiría desalentado. El cambio llegaría cuando estuviera dispuesto a compartir su unción con otros. Siempre que me he sentido desanimado y aun así he predicado con el corazón, compartiendo con otros la unción que Dios me ha dado, han salido algunos de los mejores sermones que he compartido.

Piensa en alguien hoy por quien puedas interesarte. ¿A quién puedes invitar a almorzar? Cuando compartas tu unción, Dios te sacará de tu cueva de desánimo.

LOS LUGARES DIFÍCILES CONDUCEN A LUGARES ALTOS

Quizá has recibido o creído una promesa de Dios, pero esa promesa está tardando muchísimo y está consumiendo tus fuerzas, tu poder, e incluso tu fe. Quizá Dios te ha dicho que estás de camino a un lugar alto, pero ahora mismo estás atascado en un lugar difícil. Estás entre la promesa y la provisión. Tal vez estás tan cansado, que estás dispuesto a olvidar la promesa y continuar con tu vida. Quizá crees que Dios ha cambiado de idea, y que por eso parece guardar silencio o que esa es la razón por la que parece estar tan lejano.

Quiero recordarte que Dios nos da una fe que puede perdurar más que su silencio. Dios no pone límites a la fe, y la fe no pone límites a Dios. Dondequiera que estés ahora, es temporal. No permitas que lo temporal frustre la promesa eterna que Dios te ha dado. Si Él te ha llamado a un lugar alto, no puedes quedarte donde estás ahora toda la vida. Enseguida llegará tu momento de avanzar a los lugares altos.

Primera de Samuel 14 relata una historia acerca de Jonatán, el hijo de Saúl. En ese momento, el ejército israelita se estaba escondiendo en las cuevas de Gabaa de los filisteos. Sin buscar el consejo del Señor, Saúl había declarado neciamente la guerra a este enemigo, pero los israelitas de Saúl eran inferiores en número y armamento. Saúl y su hijo Jonatán solo tenían un arma: una espada cada uno. Sus soldados solo tenían armas hechas de herramientas de labranza (ver 1 Samuel 13).

A pesar del peso del desánimo que cayó sobre Saúl y su ejército, Jonatán dio un paso adelante y le dijo a su armero: *Ven y pasemos a la guarnición de los filisteos, que está de aquel lado* (1 Samuel 14:1). Jonatán creyó que Dios iba a hacer algo y a entregar al enemigo en sus manos. Cuando Jonatán subía hacia la guarnición del enemigo, se vio atrapado entre dos rocas afiladas; podríamos decir que estaba literalmente atascado entre una roca y un lugar difícil.

Si tú estás entre una roca y un lugar difícil ahora mismo, alégrate. Estás en el lugar correcto. ¡Lo único que falta es que Dios te ayude a llegar al otro lado!

Saúl estaba cerca cuando Jonatán tomó la decisión de ir. Ajeno a la valentía de su hijo, Saúl estaba sentado debajo de un granado, comiendo algo de fruta, y diciendo: "¡Es demasiado difícil!". Jonatán, por el contrario, tuvo una iniciativa llena de fe y dijo: "Me niego a dejar que un lugar difícil me impida llegar a mi lugar alto".

El espíritu de retirada se había asentado sobre Saúl, del mismo modo que se ha asentado sobre muchas personas hoy. Se sentó en la sombra, esperando que llegaran tiempos mejores, una estrategia más fácil, o más ayuda. Pero Dios sabe que a los lugares altos solo se llega por lugares difíciles. Si queremos vivir lo que Dios nos ha prometido, a veces vamos a tener que levantarnos e ir por ello. Buscar los lugares difíciles puede sonar contraproducente, pero al igual que Jonatán, debemos decidir ir a buscarlos.

No puedes recibir un milagro sin una crisis. Es la crisis lo que produce el milagro. Si estás pasando por la mayor crisis que has vivido en toda tu vida, ¡significa que estás más cerca del mayor milagro que hayas experimentado jamás!

Los israelitas estaban en una crisis, pero para conseguir el milagro que necesitaban, tuvieron que pasar por el lugar difícil. El plan de Jonatán era que él y su criado aparecerían ante los filisteos, y si el enemigo decía: "Iremos por ustedes", ellos se quedarían justo donde estaban. Si decían: "Vengan por nosotros", los dos hombres subirían y eso sería una señal de que el Señor les entregaría a los filisteos en sus manos (ver 1 Samuel 14:8-11).

Cuando estos dos hombres aparecieron ante los filisteos, los soldados enemigos dijeron: *Subid a nosotros, y os haremos saber una cosa* (v. 12). Por lo tanto, Jonatán y su criado empezaron el ascenso y llegaron a un lugar tan estrecho, que tenían que atravesarlo gateando. Sin embargo, ese día, a través de un milagro sobrenatural, el Señor salvó a Israel y derrotó a los filisteos. ¡Qué imagen! Cuando usamos las manos y las rodillas en oración y alabanza, no vamos a morir en ese lugar intermedio. ¡Estamos más cerca que nunca del lugar alto!

Quiero recordarte a alguien que también estuvo entre una roca y un lugar difícil. Después de que Jesús fue crucificado y se pronunció su muerte, los soldados romanos llevaron su cuerpo y lo pusieron en la roca tallada de un sepulcro prestado. Pusieron su cuerpo encima de bloque de piedra y después hicieron rodar una gran piedra delante del sepulcro para cerrarlo y sellarlo. En su mente, Jesús nunca saldría de allí. Pero, cuando llegó el momento preciso, cuando Jesús había esperado lo suficiente, salió: ¡vivo! Y Él te susurra hoy: *Porque yo atravesé mi roca y mi lugar difícil, tú también vas a atravesar el tuyo.*

No sé cuán doloroso, alarmante o desalentador es tu lugar difícil hoy, pero estoy aquí para decirte que te diriges a un lugar más alto.

11

QUÍTATE DE ENCIMA LA DEPRESIÓN

Cuando te sientes abrumado por un espíritu de depresión, te sientes vacío. A duras penas te puedes levantar de la cama, y te tienes que obligar a hacer incluso las tareas más sencillas. No es como tener que pasar un día malo o un caso de nostálgica melancolía, sino una carga de desesperación muy pesada.

Es un sentimiento que el rey David conocía muy bien. De hecho, este hombre escribió gran parte del libro de los Salmos, una obra de bella poesía que refleja un lenguaje que no siempre es optimista, sino real y crudo. Si se sentía solo, lo decía. Si se sentía desconsolado, escribía acerca de ello. Si se sentía deprimido, David no se avergonzaba de dejarlo saber.

DÉBIL, PERO A LA VEZ UNGIDO

Poco después de que el profeta Samuel ungiera a David como rey, este se encontró de la noche a la mañana huyendo del rey Saúl, quien intentaba matarlo. Tras la muerte de Saúl, la nación de Israel se dividió en dos reinos. El rey David gobernó sobre la parte sur, la cual estaba compuesta solo por la tribu de Judá. El rey Is-boset, uno de los hijos de Saúl, reinaba sobre Israel, reino que incluía todas las demás tribus.

Un día, el rey Is-boset tuvo un altercado con su líder militar, Abner (ver 2 Samuel 3). Abner se había acercado secretamente al rey David y había propuesto que Israel se uniera como una sola nación. Sabiendo que Dios había ungido a David como rey sobre todo Israel, Abner desertó y se fue al reino de David y le juró lealtad. Este era el momento con el que David había soñado. *Esto es lo que yo he creído. Esta es la razón por la que fui ungido. Esta es la razón por la que he sufrido tanto todos estos años, huyendo y escondiéndome en el exilio, y viviendo en cuevas como si fuera un animal. Ahora, ¡este es mi gran momento!*

Pero había un problema. Justo antes de cerrar el trato para unir ambos reinos y poner a David en el trono como rey de todo Israel, se vino todo abajo como un castillo de naipes. Joab, el comandante militar jefe de David, tenía resentimiento contra Abner porque este había matado accidentalmente al hermano de Joab. Cuando Joab vio que Abner se había acercado a David, comenzó a enfurecerse. Y entonces, buscando venganza, Joab mató a Abner. En ese momento, todo lo que David había estado esperando se esfumó en un instante. Sin embargo, fue entonces cuando David hizo una de las declaraciones más profundas de su vida. Como respuesta al asesinato de Abner, David dijo: *Aunque ungido rey, me siento débil hoy* (2 Samuel 3:39).

Qué contraste ver que David tenía tanto poder y a la vez experimentaba debilidad al mismo tiempo. ¿Sabías que es posible estar débil y a la vez estar ungido? La Biblia dice en 1 Pedro 2:9 que los que hemos puesto nuestra fe en Jesucristo somos real sacerdocio. Apocalipsis 1:6 menciona que Dios nos ha levantado para que seamos reyes y sacerdotes en su reino. Cuando piensas en la realeza, ¿qué viene a tu mente? ¿Fortaleza? ¿Poder? ¿Confianza?

¿Sabías que se puede estar ungido y a la vez estar débil? Este es un secreto: experimentarás etapas en las que te sientas débil, pero eso no cambiará la autoridad que tienes en cada situación. La debilidad y la unción divina van de la mano.

A veces, cuando nos quejamos diciendo: *Soy débil, estoy deprimido, no puedo hacer esto,* Dios tiene un propósito mayor de camino para nuestra vida. Dios pretende que las maravillas más grandes que Él tiene lleguen cuando estemos en nuestro momento más bajo. Puedes sentirte débil algunos días en particular, pero has de saber que Dios no se rinde contigo.

El reino de Dios está lleno de opuestos. Es posible ser pobre y a la vez rico, tener gozo en medio de la tristeza, y paz en medio de una tormenta. Pablo escribió que se alegraba en su debilidad: *Por lo cual, por amor a Cristo me gozo en las debilidades, en insultos, en necesidades, en persecuciones, en angustias; porque cuando soy débil, entonces soy fuerte* (2 Corintios 12:10). A primera vista, ¡ciertamente eso no tiene sentido!

No podría contar las veces que me he preguntado por qué los hijos de Dios pueden sentirse deprimidos; y, no solo podemos lidiar con esa pesada emoción, sino que también podemos lidiar con una opresiva depresión clínica. Conozco a muchos cristianos que sienten una inmensa culpa por ello. Aunque ames y sirvas a Dios, puedes sentirte cargado con depresión porque tu matrimonio está a punto de derrumbarse, porque tu hijo está en su sexto o séptimo programa de rehabilitación, o porque te parece imposible salir de lo que tu doctor llamó depresión postparto, aunque tu bebé acaba de cumplir seis años.

La depresión intenta robarte tu identidad, pero no te define. Debes definirte, no por tus circunstancias, sino por tu identidad.

Quizá eres débil exteriormente, pero por dentro estás ungido. Quizá estás deprimido, pero tu verdadera identidad es que eres parte de un real sacerdocio.

¿Sabes quién fue la primera persona que intentó un robo de identidad? ¡El diablo! Isaías 14:13 registra que el diablo dijo: *Subiré al cielo. En lo alto, junto a las estrellas de Dios, levantaré mi trono y en el monte del testimonio me sentaré, en los extremos del norte.* Él quería robarle la identidad a Dios y ser como Él. El enemigo desea hacer lo mismo contigo: robarte la identidad que Dios te ha dado.

Ahora bien, el diablo no quiere robarte tu identidad para ser tú, sino que sencillamente no quiere que tú uses la identidad que tienes como reina o rey ungido. Él no quiere que creas que estás ungido. No quiere que confíes en que, aunque hayas caído presa de la depresión, sigues siendo un hijo de Dios. ¡Él sabe lo poderosa que es tu identidad en Dios! Si puede conseguir que abandones quien crees que eres, ¡él gana!

Solo porque hayas perdido algo, solo porque estés en un lío y no tengas respuestas, solo porque tu carne sea débil y hayas perdido tu gozo, no debes olvidar nunca que sigues siendo una reina o un rey de Dios ungido.

Haz esta confesión ahora mismo: "Puede que sea débil, pero sigo estando ungido".

ESPERANZA EN EL ARCÉN

El pasaje de Marcos 10:46-52 cuenta la historia de un ciego llamado Bartimeo que mendigaba junto al camino. Podríamos decir que estaba en el arcén de la vida, viviendo una vida sin movimiento. No iba a ninguna parte, le faltaba propósito, y tan solo estaba sentado junto al camino mientras la vida pasaba junto a él, esperando a que alguien le arrojara algunas migas de compasión.

¿Alguna vez te has sentido como si estuvieras sentado en el arcén? ¿Tan lleno de depresión, de los afanes de este mundo, las responsabilidades de cuidar de otros, la presión de intentar vivir tu mejor vida, que te quedas como anestesiado? Y te resignas a sentarte en el arcén de tu vida, sin gozo alguno, sin intención, tan solo dejándote llevar y haciendo lo que puedes. Puede que Bartimeo estuviera en el arcén, pero Jesús se fijó en él, y Él también se fija en ti. Él se fija en las personas que están atascadas en ese lugar.

Jesús contó una parábola sobre un sembrador que repartió semillas en muchos lugares (ver Mateo 13). Algunas semillas cayeron en terreno pedregoso, algunas cayeron entre espinos, otras cayeron en buena tierra y otras cayeron *junto al camino* (v. 4). Me alegro de que, cuando el sembrador sembró semillas, algunas de ellas cayeron en el arcén (junto al camino). Es ahí donde podrían llegar a personas como Bartimeo, o como tú, o yo. La mayoría de las personas hemos estado alguna vez en las zanjas de la vida, y cuando la vida de alguien descarrila así, lo único que le puede sacar del hoyo es la semilla de la Palabra de Dios. Quizá las aves se llevaron la semilla en la parábola que contó Jesús, pero esta imagen me sigue recordando el potencial que hay en el arcén de la vida. Incluso ahí, Dios puede hacernos llegar la semilla de su Palabra.

Los mendigos en tiempos de Bartimeo llevaban un tipo de uniforme. Según los historiadores y eruditos, era una túnica suministrada por el gobernador romano que confirmaba que, quienes la llevaban, eran oficialmente mendigos a quienes se les permitía estar donde estaban, pidiendo dinero a las personas. Piensa en su vestimenta como si fuera una licencia para mendigar. Los mendigos tenían ese derecho. Tenían el derecho de situarse en el arcén y comunicarse con otros solo para aceptar su ayuda o conmiseración.

¿Alguna vez has pensado que tenías el derecho de estar enojado? ¿O de tener amargura? ¿O de estar deprimido? En este sentido, no estoy hablando sobre la depresión clínica que procede de unos graves desequilibrios químicos. Estoy hablando de cuando sucede algo injusto, traumático o doloroso y, como consecuencia, tú sientes que tienes licencia para estar deprimido y te niegas a participar en la vida. No quiero minimizar el pasado traumático de nadie ni decir que no fue nada grave, pero sí quiero decirte que no superarás ese estado de tu ser hasta que renuncies a tu derecho a estar en el arcén.

¿Qué sucede cuando nos aferramos a nuestro derecho a estar deprimidos? Una raíz de amargura comienza a crecer en nuestro corazón. Cuando llega Jesús, Él interviene en nuestra fiesta de autocompasión. Aunque Bartimeo tenía el derecho de estar donde estaba, tenía la túnica necesaria para ser mendigo, las Escrituras nos dicen que había escuchado acerca de Jesús (ver Marcos 10:47). La fe siempre comienza al escuchar. Cuando este ciego escuchó que era Jesús el que pasaba, gritó: —*¡Jesús, Hijo de David, ten misericordia de mí! Y muchos lo reprendían para que callara, pero él clamaba mucho más: —¡Hijo de David, ten misericordia de mí!* (Marcos 10:47-48).

Cuando Bartimeo clamó a Jesús por primera vez, los que estaban a su alrededor le dijeron que se callara. El enemigo quiere que hagamos lo mismo, que cerremos la boca. Calla. No alabes. No hables de algún lugar mejor que donde estamos ahora mismo. No declares victoria. Si el enemigo puede conseguir que tú y yo no hablemos, puede mantenernos en nuestro lugar.

Una forma poderosa de salir del lugar en el que estás es cuando comienzas a abrir tu boca y a hablar acerca de Jesús. Lo último que el diablo quiere que hagas es que abras la boca y empieces a declarar las promesas de Dios y alabar al Señor. Pero eso es lo primero que debemos hacer para vencer.

Tenemos que enviar nuestras palabras en la dirección en la que queremos que vayan. Es decir, tenemos que empezar a declarar victoria cuando estamos mirando fijamente a la derrota. Tenemos que empezar a declarar sanidad cuando nos sentimos enfermos. Tenemos que empezar a hablar bendición cuando no tenemos nada. Tenemos que hablar sobre continuar cuando tenemos ganas de rendirnos.

Proverbios 15:4 nos dice: *La lengua apacible es árbol de vida.* Lo que sale de tu boca cuando la abres es importante. Tu lengua puede cambiar la peor situación de tu vida, la situación que te está produciendo amargura y está envenenando tu espíritu, en una situación que dé la gloria a Dios.

Abre tu boca y empieza a cantar. Ora. Lee la Biblia en voz alta. Memoriza y recita versículos como si fueran afirmaciones personales. Acepta la recomendación de Pablo y llama a las cosas que no son como si fueran (ver Romanos 4:17). Esto es fe.

Sé que hablé en el capítulo anterior sobre la fe como una herramienta para superar el desánimo. ¡La fe es una de las mejores herramientas para superar cualquier cosa! Pero es más que solo creer en tu corazón. El poder de la fe se activa mediante tus sentidos, a través de oír y confesar.

Jesús estaba allí de pie en medio de la conmoción que había a su alrededor ese día, y mandó llamar a Bartimeo. *Él entonces, arrojando su capa, se levantó y vino a Jesús* (Marcos 10:50). ¿Ves lo que sucedió aquí? Bartimeo se quitó su capa de mendigo, y después se levantó y caminó hacia Jesús. Aún no podía ver a Jesús, aún no había sido sanado, y ni siquiera había recibido la promesa de que recuperaría la vista. Aunque el hombre que estaba ciego no podía ver nada que tuviera que ver con un milagro, oyó la voz de Jesús y comenzó a moverse al oír su voz. ¡Estaba actuando como si hubiera sido sanado antes de que se produjera sanidad alguna! Y, antes de que Bartimeo se pusiera en pie y caminara hacia Jesús, arrojó su capa de mendigo. Tiró su derecho a estar deprimido, a ser disfuncional y a estar paralizado.

No sé lo que te ha ocurrido a ti, pero sé lo que el enemigo nos susurra para que sigamos en el arcén: *Todo el que haya sufrido el dolor que estás sufriendo tú tiene el derecho de tomar unos tragos. Cualquiera que se sienta así de solo en su matrimonio tiene el derecho de gastar, y gastar, y gastar, y aumentar la deuda. Perdiste a tu mamá cuando eras joven… tu papá era un holgazán… así que con razón eres adicto, y tienes todo el derecho de seguir siéndolo.*

Pero sé que hay una desesperación por ser libre dentro de ti que es más fuerte que el dolor de que te ofendan, te hieran o te roben. Dentro de ti hay un hombre o una mujer que está desesperado por superar el sentirte abrumado.

Como Bartimeo, quizás estás sentado en el arcén de la vida, esperando ahí porque crees que eso es lo que te mereces. Estoy aquí para decirte que hay un camino mejor. Dios está aquí para soplar nueva vida en tu espíritu. ¡Tu futuro depende de ello!

DESHACERSE DE LAS HORMIGAS

Entonces ¿cómo salimos de la zanja del arcén? En ocasiones, la única forma de regresar al camino de vida de Dios es pensar bien. Un día, a principios de la década de 1990, el psiquiatra Dr. Daniel Amen tuvo un día difícil en su consulta. Recibió a varios pacientes, entre ellos cuatro personas con pensamientos suicidas, dos adolescentes que se habían fugado, y dos matrimonios que no se soportaban entre ellos. Se fue a su casa al terminar y se encontró con que la cocina estaba infestada de hormigas. Mientras limpiaba los insectos, le vino algo a la cabeza: pensamientos negativos automáticos. Se dio cuenta de que, al igual que la cocina estaba infestada de hormigas, el cerebro de sus pacientes estaba infestado de pensamientos negativos automáticos que destruían su bienestar.[1]

Me gusta usar la idea del Dr. Amen y verlo como el Síndrome de los Pensamientos Negativos Automáticos. Cuando piensas de forma automática en lo peor que te puede pasar en un momento dado de forma instantánea, estás sufriendo este síndrome. Lo que eso hace es alimentar la negatividad e incitar la depresión. En lugar de tener pensamientos positivos o esperar lo mejor, pensamos instantáneamente en que nos ocurrirá lo peor. Si se produce una posible oferta de empleo, suponemos que no somos aptos para ese puesto.

Cuando los israelitas fueron liberados de la esclavitud de Egipto e iban de camino a la tierra prometida, tenían en el cerebro ese mismo síndrome: *No lograremos cruzar el Mar Rojo. No vamos a tener suficiente comida o bebida. Llevamos aquí una eternidad; nunca saldremos de aquí. Los gigantes de la tierra son demasiado grandes; nunca nos dejarán entrar en la tierra.*

Lo que nunca pensaban era: *Dios nos sacó de Egipto; seguro que puede ayudarnos a cruzar un mar. Es la hora de que Dios se muestre con otro milagro. Dios lo hizo una vez, así que lo puede volver a hacer. Él nos liberó antes, así que ahora va a hacer cosas aún mayores.*

Los pensamientos de los israelitas eran negativos de manera automática cada vez que se encontraban ante un obstáculo, y conozco ese sentimiento. Cuando comencé mi trabajo como pastor en Free Chapel, era un poco inseguro. Estaba familiarizado con la vida como evangelista itinerante porque lo había hecho por años, pero pastorear era algo totalmente nuevo. En ese entonces, estaba empezando a conocer a nuestra junta de directores, y ellos estaban conociéndome a mí.

A los pocos meses, tras un servicio maravilloso en la iglesia, iba caminando por el pasillo hacia mi oficina y observé que cuatro o cinco de los miembros del consejo se juntaban, susurrando. En cuanto me vieron, se separaron rápidamente. Mis oídos me pitaban, y sentí que las hormigas me recorrían todo el rostro. De inmediato, la negatividad se apoderó de mi cerebro: *No les caes bien. Están hablando de ti. No están contentos con todos los cambios que estás haciendo en la iglesia.* Durante toda esa semana, solo podía pensar negativamente. Lloraba. Oraba. Incluso le dije a Cherise que debíamos estar preparados para un posible despido. Estaba preparado para lo peor.

El domingo siguiente, los mismos hombres que yo estaba convencido de que iban a despedirme me llevaron a una pequeña salita. Respiré hondo, preparándome para un discurso que comenzaría con algo parecido a lo siguiente: "Antes de comenzar, permítanme decirles algo...".

Uno de los miembros del consejo abrió la boca antes que yo: "Pastor, los amamos mucho a usted y a Cherise. Amamos a su familia. Estamos teniendo un gran mover de Dios en esta iglesia, y queríamos hacer algo por usted y su creciente familia. Nos dimos cuenta de que necesitan un vehículo con más asientos, y hemos decidido como iglesia conseguirles uno".

El hombre sonreía mientras ponía en mi mano un juego de llaves de un automóvil.

Yo estaba tan avergonzado ¡que casi no lo recibí!

No dejes que el síndrome del pensamiento negativo infecte tu mente. Servimos a un Dios poderoso. Servimos a un Dios fiel. Su intención no es diezmarte, devorarte y destruirte. Él es un Dios bueno. Él está de tu lado. Está contigo.

Si tienes una plaga de hormigas, *transformaos por medio de la renovación de vuestro entendimiento* (Romanos 12:2). Renueva tu mente con lo que Dios dice en su Palabra. Lee la Biblia. Medita en ella. Memorízala. Empápate de su verdad. Así eliminarás el Síndrome de los Pensamientos Negativos Automáticos y, en su lugar, comenzarás a vivir con la información correcta.

TENTE POR DICHOSO

Pablo nos dio un gran ejemplo en las Escrituras acerca de escoger fijar nuestra mente en lo correcto. Leemos en el libro de Hechos que Pablo sufrió naufragios, golpes, arrestos, e incluso la cárcel en varias ocasiones. En Hechos 26 lo vemos delante del rey Agripa para testificar sobre sí mismo, en defensa de su propia vida. El rey mira a Pablo y dice: "Bueno, Pablo, ¿tienes algo que decir?". Y me encanta la respuesta que da Pablo: *Me tengo por dichoso, rey Agripa* (v. 2).

No quiero decir que simplemente puedas dejar de pensar en todos tus problemas, o que nadie necesita nunca algún tipo de ayuda o consejo externos. Pero, cuando se trata de tu actitud diaria y la forma en que enfrentas el mundo cuando te levantas cada mañana, ¿sabes cómo alegrarte? ¡Tente por dichoso! ¿Sabes cómo deprimirte? Tente por deprimido. Pablo lo tenía claro. Sus circunstancias no dictaban su felicidad; no, él se tenía por dichoso.

Este es el secreto, si es que no lo has aprendido ya: una mente estrecha siempre va acompañada de una boca grande. Y las palabras negativas producen sentimientos negativos. Cuando las cosas se ponen feas, nuestra primera reacción es deprimirnos. Quizá el sentimiento es muy natural, pero no tiene que ser permanente. Tente por dichoso.

Ten en mente que este no es un asunto de la mente sobre la materia. No es meramente un estado de positividad. Es una decisión. Es la decisión de vivir por fe y no por temor. En el caso de Pablo, estamos hablando de un hombre que estaba a minutos de ser ejecutado y, sin embargo, mediante el poder de Dios, decidió tenerse por dichoso. Daniel estaba feliz en el foso de los leones. Sadrac, Mesac y Abed-nego estaban bailando en medio del fuego.

Todos nacemos en ciertas condiciones. No tenemos nada que hacer con respecto a esas condiciones, pero tenemos mucho que decir sobre las decisiones que tomamos en la vida. Tú tienes el poder de decidir. Siempre lo tienes. Puedes enfocarte en el problema, o puedes escoger enfocarte en la promesa de Dios.

MÁS DE LA MITAD DEL CAMINO

Quizá estás maltrecho por las repercusiones de una tragedia personal, y estás pensando: *Pastor Jentezen, intentar deshacerse de los pensamientos negativos, meditar en la Biblia, y pasar tiempo en adoración son cosas muy buenas, pero estoy tan devastado interiormente que mi futuro se ve muy negro. A duras penas tengo fuerzas y motivación para acabar este día.*

Quiero contarte una historia acerca de un hombre llamado Taré. Era el padre de Abraham, y la Biblia nos lo presenta por primera vez en la parte genealógica de Génesis 11. Dentro de esta información ancestral hay una referencia a una tragedia personal: *Taré vivió setenta años, y engendró a Abram, a Nacor y a Harán. Éstos son los descendientes de Taré: Taré engendró a Abram, a Nacor y a Harán, y Harán engendró a Lot. Harán murió antes que su padre Taré en Ur de los caldeos, la tierra donde había nacido* (Génesis 11:26-28).

Podríamos suponer con base en este texto que Harán murió cronológicamente antes que Taré, pero lo que realmente nos dice el pasaje es que Harán murió en presencia de, o delante de, su padre. Por lo tanto, Taré vio morir a su hijo. Para cualquiera, especialmente para cualquier padre o madre, esto es incomprensible. Algunas personas han sentido ese tipo de dolor, y lo lamento mucho.

La Biblia nos dice esto acerca de Taré:

> *Tomó Taré a su hijo Abram, y a Lot hijo de Harán, hijo de su hijo, y a Sarai, su nuera, mujer de su hijo Abram, y salió con ellos de Ur de los caldeos para ir a la tierra de Canaán. Pero cuando llegaron a Harán se quedaron allí. Y fueron los días*

de Taré doscientos cinco años, y murió Taré en Harán.

(Génesis 11:31-32)

Taré y su familia iban de camino a Canaán. Era el destino de Dios para ellos que entraran en la tierra prometida, pero sucedió algo extraño de camino allí. Mientras Taré empezaba a recuperarse y a sanar de la muerte de su hijo, prosiguiendo hacia el futuro y aferrándose con fuerza a lo que Dios le había prometido, llegó a una ciudad llamada Harán. Y Taré murió allí, en una ciudad con el mismo nombre que el hijo que había perdido.

Creo que lo que sucedió fue que Taré volvió a entrar en el lugar de su tristeza. Creo que el dolor se apoderó de él. A medida que su corazón comenzó a llorar por su hijo, se quedó allí en Harán, y nunca salió. Como Taré se asentó en Harán, nunca consiguió llegar a Canaán. Murió en la ciudad que llevaba el mismo nombre que su difunto hijo, y eso representó su reentrada en la tristeza.

No espero que nadie que haya perdido a un ser querido sencillamente pase página, pues eso sería necio e ignorante, pero he visto cómo las personas procesan la tristeza de formas distintas. Algunos se aferran a ella durante el resto de su vida. Otros, solo mediante la gracia de Dios encuentran una manera de sanar de la tragedia de una forma que no niega el dolor, pero que les permite acceder al destino que Dios tiene para sus vidas.

¿Alguna vez has dejado que una herida del pasado anule lo que Dios tiene preparado para ti? ¿Alguna vez te has asentado en un lugar que no era malo, pero tampoco era lo mejor de Dios para ti, debido a una herida abierta que nunca permitiste que se sanara?

Por muy dolorosa que sea una situación por la que hayamos pasado, Dios tiene un lugar de propósito y un destino para nuestra vida. Quizá entramos cojeando, o llegamos hasta allí llorando, o puede que alberguemos un corazón roto mientras alcanzamos los planes que Dios estableció para nosotros incluso antes de ponernos en esta tierra, y no pasa nada por eso.

La voluntad de Dios para nuestra vida no es asentarnos a mitad de camino. Él no ha planeado que disfrutemos de un poco de felicidad, o que vivamos a la espera de que aún pase algo malo, o que alberguemos una herida y no pensemos mucho en la sanidad. Quizá hayas perdido a alguien especial, pero Dios no ha terminado con tu vida. No permitas que tu futuro se quede retenido como un rehén en Harán. ¡Dios tiene una Canaán para cada uno de nosotros!

Uno de mis versículos de la Biblia favoritos es Jeremías 15:16: *Fueron halladas tus palabras, y yo las comí. Tu palabra me fue por gozo y por alegría de mi corazón; porque tu nombre se invocó sobre mí, Jehová, Dios de los ejércitos.* Ahora bien, no creo que el profeta Jeremías, el autor de estas palabras, se estuviera comiendo literalmente la Palabra de Dios para almorzar, sino que Jeremías nos estaba dando una potente analogía: así como la comida fortalece el cuerpo, la Palabra de Dios nutre y vigoriza el alma herida. La Palabra de Dios es sustento para un espíritu quebrantado.

Cuando mi papá murió súbitamente a los 56 años por un ataque cardiaco, mi mamá quedó devastada. En su mayor momento de dolor y tristeza, se aferró a este pasaje:

> *Aunque la higuera no florezca ni en las vides haya frutos, aunque falte el producto del olivo y los labrados no den mantenimiento, aunque las ovejas sean quitadas de la majada y no haya vacas en los corrales, con todo, yo me alegraré en Jehová, me gozaré en el Dios de mi salvación. Jehová, el Señor, es mi fortaleza; él me da pies como de ciervas y me hace caminar por las alturas.* (Habacuc 3:17-19)

Mamá se podía identificar bien con el comienzo del pasaje. Ella se sentía sola, devastada, en un lugar de quebranto, vacía, toda su vida agitada por un torbellino; pero, al aferrarse a este pasaje de las Escrituras día a día, a veces minuto a minuto, sintió que Dios le hablaba a su corazón: *Aunque la tierra no dé fruto, y aunque no veas las cosas que te prometí que verías, no dejes de alegrarte en mí. Caminarás en lugares altos.*

Aunque su tristeza parecía interminable, por fe se mudó de Carolina del Norte a Gainesville, Georgia. Allí, pasó a formar parte del equipo pastoral de nuestra iglesia, Free Chapel. Comenzó una reunión para la tercera edad llamada "El club de la sabiduría", el cual se convirtió en nuestro ministerio de la tercera edad, y terminó teniendo cientos de personas mayores al mes que se juntan y conviven. Ella también empezó reuniones en residencias. La demanda de estas reuniones creció tan rápidamente, que comenzó a formar equipos para gestionar las peticiones, y el ministerio realizaba unas 38 reuniones al mes. Mamá también comenzó un ministerio que entregaba comida a familias en crisis. Hoy día, a los 85 años, aún trabaja en el equipo de Free Chapel.

No hay manera de saber el número de personas a las que mamá ha alcanzado a través de su servicio. ¿Qué habría pasado si mamá se hubiera asentado en el lugar de su tristeza? ¿Qué habría pasado si no se hubiera mudado y dejado que Dios usara sus sueños para expandir su reino?

Niégate a estancarte en un lugar de tristeza permanente. No se ha terminado aún, aunque así te lo parezca. Dios tenía una tierra de Canaán más allá del Harán de mi mamá, y Él tiene una tierra prometida para ti también.

CONVERTIRNOS EN PRISIONEROS DE LA ESPERANZA

Lo que sucede en los tiempos más difíciles de nuestra vida es que nos convertimos en prisioneros de los sentimientos que nos abruman, sentimientos como el temor, el desánimo y la depresión; pero Dios nos ofrece una manera distinta de vivir. Él nos llama a ser "prisioneros de la esperanza". Me encantan las palabras de Zacarías 9:12: *Volveos a la fortaleza, prisioneros de la esperanza; hoy también os anuncio que os dará doble recompensa.*

La manera en que yo lo veo es que, o bien te vas a encadenar a tu dolor, o a tu esperanza. Si has sufrido alguna pérdida, tienes mucho dolor o te falta propósito, no te preocupes. Solo hace falta un paso, un empujoncito, un leve giro y un poco de esperanza para revertir la marea. En lugar de ser prisionero de lo que te retendrá, conviértete en un prisionero de lo que te hará libre.

La depresión es un problema real y muy serio. Te animo a que busques el consejo de tu médico, de un terapeuta o consejero licenciado, o de un pastor si te sientes deprimido o incapaz de actuar. También me gustaría compartir contigo cuatro consejos útiles que me dio la terapeuta licenciada Shana Ruff para ayudarte a salir de las garras de la depresión, a fin de encontrar tu camino de regreso a casa:

CONTACTAR

+ Tienes que *contactar* a alguien para pedir ayuda cuando estás pasando por algo grave. Hay restauración cuando decides contactar. (Ver la historia del hombre con la mano seca de Mateo 12).

+ Sé cuidadoso de contactar con la persona correcta. Asegúrate de que tal persona es una persona fiable, alguien a quien le puedas llevar tu "mano seca" o tus vulnerabilidades.

+ Ver Proverbios 11:14

HABLAR

+ Tras haber contactado a una persona fiable, entonces tienes que *hablar*. Tienes que decirle a la persona lo que te sucede (ver Salmos 32:3-5).

+ Cuando guardas silencio, eso te carcome por dentro. Solo cuando sacas lo oculto a la luz es cuando empiezas a sanar.

+ ¡Dios no puede sanar lo que tú escondes!

+ Ver Santiago 5:16

SALIR

+ Después de haber contactado y hablado con alguien, tienes que empezar a recorrer el viaje de sanidad y *salir*. Este proceso puede tomar algo de tiempo, o podría ocurrir de forma instantánea.

+ Ver Lucas 8:28, 35.

+ ¿Qué encuentros estás teniendo con Jesús? ¿Alabanza, adoración, oración, ayuno, etc.?

ECHAR UNA MANO

+ Tras haber contactado, hablado y salido, ¡es tu momento de *ayudar*!

+ Aprovecha la oportunidad de usar tu historia para echar una mano a otro.

+ Cuando Dios te ha sanado, soltado y liberado, ¡tienes que contarlo!

+ Ayuda a alguien que pueda estar pasando por lo mismo que tú has pasado.

+ Ver 2 Corintios 1:3-4

12

BATALLA CONTRA LA CARNE

No es difícil ver cómo el enemigo usa nuestra propia carne para destruir nuestras relaciones y nuestras familias. El pecado sexual sin arrepentimiento te hará perder tu misión, tu sentido común y la unción de Dios. Podemos ser superados o derrotados por los deseos de la carne, dependiendo de lo que escojamos decir, oír y mirar.

Cada segundo de cada día, 28 258 personas están viendo pornografía. Una de cada cinco búsquedas en los teléfonos celulares es de pornografía. Cada segundo en el Internet se gastan 3075,64 dólares en pornografía.[1] En términos globales, el porno es una industria con un estimado de 97 000 millones de dólares, y de esa cifra, 12 000 millones vienen de los Estados Unidos.[2] Un estudio que investigó el consumo de pornografía en distintos países conectó un mayor número de agresiones sexuales con el consumo de pornografía tanto en varones como en mujeres.[3]

¿Es la pornografía un problema? Según la investigación de Barna Group, los jóvenes de hoy creen que no. Los adolescentes y jóvenes adultos consideran no reciclar como algo más inmoral que ver pornografía.[4]

Si crees que los millones de personas que ven pornografía están fuera de la Iglesia, piénsalo mejor. Las siguientes estadísticas arrojan luz sobre cuán invasiva es la pornografía dentro de la cultura cristiana:

+ El 64 por ciento de los varones cristianos y el 15 por ciento de las mujeres cristianas confiesan ver pornografía al menos una vez al mes.

+ 1 de cada 5 pastores de jóvenes y 1 de cada 7 pastores principales consumen pornografía de forma regular y reconocen que batallan con el porno.

+ El 43 por ciento de los pastores principales y pastores de jóvenes dicen que han batallado con la pornografía en el pasado.[5]

Hemos pasado de revistas sucias a buscar cualquier cosa que queramos ver apretando un botón, y ahora nos dirigimos hacia la pornografía en la realidad virtual, lo que se prevé que será un negocio de mil millones de dólares en 2025. El porno produce una tonelada de dinero, pero ¿a qué costo? Hablando del divorcio, el 56 por ciento tiene que ver con que una de las partes tiene un "interés obsesivo en páginas web pornográficas".[6] En lugar de fomentar la conexión, la pornografía perpetúa el aislamiento social y engendra soledad.

Pero ver o participar en pornografía no es el único camino hacia la inmoralidad sexual. Según la Asociación Americana para la Terapia Matrimonial y Familiar, encuestas nacionales indican que el 15 por ciento de las mujeres casadas y el 25 por ciento de los varones casados han tenido aventuras amorosas fuera del matrimonio. La incidencia es alrededor del 20 por ciento más alta cuando se incluyen las relaciones emocionales y sexuales sin el acto sexual.[7] Más de la mitad de los cristianos dicen que el sexo antes del matrimonio en una relación comprometida está bien siempre o algunas veces.[8]

Nos hemos desviado mucho de la diana. A menos que decidas en tu mente honrar a Dios con tu cuerpo y mantener la integridad sexual, estarás a merced de la lujuria de tu carne.

Dios sigue teniendo normas.

Dios sigue teniendo un código moral.

Dios sigue teniendo barreras que debiéramos honrar y que ayudarán a preservar nuestro carácter, nuestra reputación, nuestro nombre, nuestra familia, nuestro matrimonio, nuestra unción.

JEZABEL ENTRA EN ESCENA

Como hablábamos en el capítulo 8, el espíritu de Jezabel continúa apareciendo en varias formas incluso mucho después de la muerte de esa malvada reina. Vimos una de esas ocasiones descrita en Mateo 14, pero veamos brevemente de nuevo el incidente como recordatorio de cómo es este espíritu maligno. ¿Recuerdas que Juan el Bautista le había dado al rey Herodes un mensaje que él no quería oír, lo que hizo que Juan terminara en prisión? Herodías, la esposa de Herodes, se había enojado y amargado porque Juan la había humillado abiertamente al decirle a su esposo: "No está bien que te cases con la esposa de tu hermano, porque estás viviendo en adulterio".

Después, la noche de la fiesta de cumpleaños de Herodes, cuando Herodías sacó a su propia hija para que actuara delante del rey y sus invitados, enseguida fue obvio que esa no era una actuación modesta como recitar un poema o tocar el piano con un traje elegante. La hija iba muy ligera de ropa, y lo que hizo en su provocativa danza entusiasmó tanto al rey Herodes, que en su ebrio estupor dijo: "Me has encandilado tanto con esto que te daré cualquier cosa que me pidas, hasta la mitad de mi reino". Por sugerencia de su mamá, la muchacha le dio su respuesta: *Dame aquí en un plato la cabeza de Juan el Bautista* (Mateo 14:8).

Ese era el espíritu manipulador de Jezabel en acción, usando la lujuria para llevar a cabo las obras del enemigo. El mismo enemigo nos acecha hoy, tentándonos mediante lo que vemos en nuestros teléfonos, lo que vemos al caminar junto a ciertos lugares, cómo nos sentimos cuando alguien nos roza. Este espíritu nos acosa en nuestra soledad o inseguridad para hacernos buscar satisfacción en lugares que sabemos que no deberíamos.

El baile en la pantalla quizá te fascina, pero al final demandará tu cabeza en una bandeja. Rechaza el espíritu de Jezabel. Durante el resto del capítulo te ofreceré consejos prácticos sobre cómo rechazar a Jezabel y escoger la integridad sexual.

CAMBIA TU VERGÜENZA POR HONRA

Antes de llegar a ese consejo, sin embargo, quiero hablar sobre la vergüenza que quizá ya estás experimentando mientras lees estas palabras. Cambiemos esa vergüenza por honra, una resolución que inspirará integridad. El pecado sexual tiene su forma de llenar a las personas de culpa y vergüenza hasta el punto de que tienen miedo a sincerarse con Dios. Escúchame: Dios no te define por tu peor error. Él no te mira como si tú fueras tu adicción. Quizá estás involucrado en cosas de las que te avergüenzas, pero el perdón a través de Jesús está disponible de inmediato para ti. Cuando le pides a Dios que te perdone, Él no te recuerda lo que has hecho. No volverá a recordarte lo mucho que te has desviado.

El enemigo, sin embargo, intentará convencerte de que tu pecado te ha descarrilado de la voluntad de Dios para tu vida. Esa es una mentira que viene del fondo del infierno. Dios es mayor que el pecado. Su gracia es mayor que el pecado. Dios no ha cambiado de idea con respecto a ti. Su llamado para tu vida es irrevocable. No importa si has batallado con la pornografía por años, si has convivido con tu novio, o acabas de poner fin a una aventura amorosa extramatrimonial. Si te arrepientes y le pides perdón a Dios, Él hará borrón y cuenta nueva y no te avergonzará por lo que has hecho.

Tu propósito es más fuerte que tu pecado. Dios quiere que tengas un nuevo comienzo. En Isaías 61:7 Dios promete: *Disfrutarán de una doble honra en lugar de vergüenza y deshonra* (NTV).

Cuando Jesús estaba en la cruz, la Biblia dice que no solo llevó nuestra tristeza, sino que también llevó nuestra vergüenza (ver Isaías 53:4). Él llevó la humillación, la vergüenza, los líos, el fracaso. Cada uno de nosotros nació con una naturaleza de vergüenza. La heredamos de Adán y Eva. Cuando ellos pecaron, se escondieron, y lo hicieron porque sentían vergüenza.

Aunque Dios sabía lo que Adán y Eva habían hecho y Él ve lo que nosotros hacemos, su amor nunca cambia. Su disposición a perdonar no falla. En lugar de vergüenza, Él nos da una doble porción de honra. Y no es porque finalmente hayamos conseguido comportarnos, no porque dejemos de pecar, y no porque de algún modo nos lo merezcamos por medio de buenas obras. No, recibimos honra a cambio de nuestra vergüenza porque Dios nos ama tanto, que envió a su Hijo a morir en una cruz y a resucitar después de la muerte para liberarnos del pecado y la vergüenza.

No tienes que fustigarte; Dios no lo hace. Si estás entendiendo esto, es tiempo de romper las cadenas de la vergüenza. Ahora es el momento de escoger la integridad sexual y vivir honrando a la persona que Dios quiere que seas.

Es tiempo de levantarse, salir y ser libre.

Antes de que sigas leyendo, si sientes que la pesadez de la vergüenza aplasta tu corazón, me gustaría que leyeras en voz alta la siguiente oración, o que hicieras una oración con tus propias palabras. No permitas que tus errores o adicciones del pasado te impidan vivir la vida que Dios ha diseñado para ti.

Amado Dios, he estado luchando con la culpa y la vergüenza por algunos de los errores pasados que cometí. Hoy, te pido que me ayudes a caminar en integridad. Dame un nuevo comienzo. Te rindo mi vida por completo.

En este momento, me comprometo a nunca volver atrás. Recibo tu perdón, y te pido que reemplaces mi vergüenza por una doble porción de honra. Por tu poder, voy a vivir una vida pura para tu gloria. Sé que mi historia aún no ha terminado. Gracias por amarme y por darme una vida llena de propósito y esperanza. Amén.

Tu historia no ha terminado. Es tiempo de que escribas su siguiente capítulo.

LLEVAR PUESTA LA ROPA INTERIOR

Tras librar milagrosamente a los israelitas de la esclavitud en Egipto, Dios quería que su pueblo fuera libre para adorarlo, para vivir y prosperar. Cuando comenzaron a caminar con Él, Dios estableció reglas específicas para su adoración, sacrificio, santidad, e incluso su atavío. Acercarse a la santa presencia de Dios en esos tiempos exigía cierto nivel de pureza.

La presencia de Dios se manifestaba en el arca del pacto, que estaba dentro del templo, o anteriormente en las tiendas especiales diseñadas para representar el templo. No se podía entrar en la presencia de Dios en ese entonces con pecado. Dios le dejó muy claro a Moisés que los sacerdotes morirían si entraban en el lugar santo con pecado en su vida, o si estaban inmundos o impuros al presentarse. Para protegerlos, Dios describió cómo tenían que acercarse los sacerdotes del Antiguo Testamento al lugar santísimo, donde estaba situada el arca. Se les dieron instrucciones detalladas para la confección de sus túnicas, el efod, y otras prendas.

Por su apariencia externa, estaba claro para todos los que pasaban por la calle que Aarón y sus hijos eran sacerdotes. Pero cualquiera puede ponerse un traje externo y parecer estar a la altura. ¿Cuántas personas que tú conoces que parecen cristianos luego ves que llevan un estilo de vida totalmente distinto? Dios siempre ve más allá de la superficie. Algunas de las instrucciones de Dios son sorprendentemente simples, tan simples como llevar puesta la ropa interior. En Éxodo 28:42-43, tras especificar la composición del atuendo externo de los sacerdotes, Dios le dijo a Moisés:

> *Hazles también calzoncillos de lino que les cubran el cuerpo desde la cintura hasta el muslo. Aarón y sus hijos deberán ponérselos siempre que entren en la Tienda de reunión, o cuando se acerquen al altar para ejercer su ministerio en el Lugar Santo, a fin de que no incurran en pecado y mueran.*

Así es como lo dice la *Nueva Versión Internacional*, pero la RVR95 lo expresa así:

> *Les harás calzoncillos de lino para cubrir su desnudez desde la cintura hasta los muslos. Aarón y sus hijos los llevarán puestos cuando entren en el Tabernáculo de reunión, o cuando se acerquen al altar para servir en el santuario, para que no cometan pecado y mueran.*

Veamos una palabra que quizá hayas pasado por alto en estos versículos: *incurran* o *cometan*, que el diccionario define como "entrar o adquirir (alguna consecuencia, por lo general no deseable o lujuriosa) [...] ser responsable o estar sujeto a mediante la propia acción de uno; traer o recibir sobre uno mismo".[9]

Parece que hay una solución sencilla dada por Dios para no incurrir en la iniquidad y morir: ¡ponerse la ropa interior! Como Dios declaró al final del versículo 43: *Éste es estatuto perpetuo para él, y para su descendencia después de él*, este consejo sigue siendo válido para nosotros hoy. En otras palabras, al margen de lo que digan las normas actuales, el simple consejo de Dios en Éxodo te seguirá siendo útil.

Si crees que todo esto tiene que ver solo con un código de vestimenta, te perderás la verdad más profunda que Dios está intentando comunicar. Esto tiene que ver con una idea más completa de la pureza. No se trata solo de vivir una buena vida y ser una buena persona según los estándares del mundo. No basta con ir a la iglesia, donde las personas ven tu apariencia externa y dicen: "Vaya, esta persona realmente camina con Dios". Quizá las personas ven lo que hay por fuera, pero como con los hijos de Aarón, Dios sabe lo que está ocurriendo en tu vida privada. Los únicos que sabían si los hijos de Aarón tenían o no su ropa interior puesta eran los hijos de Aarón y Dios. Todos los demás pensaban que parecían santos. Si lo eran o no lo eran, solo era obvio para el Dios que todo lo ve. Él lo sabía entonces, y miles de años después, lo sigue sabiendo.

Si Dios sacrificó a una de sus propias criaturas para vestir la desnudez de Adán y Eva, ¿quién crees que siempre intenta quitarle la ropa a todo el mundo? Piénsalo. ¿Recuerdas la historia de José cuando se convirtió en esclavo y después en gobernante? Él era un joven atractivo y talentoso, pero el talento te llevará a lugares donde solo el carácter te puede mantener y guardar.

La historia de José es el clásico ejemplo de vestirte con todo tipo de pureza. José llegó así a supervisar toda la casa de un oficial egipcio llamado Potifar, el capitán de la guardia. La bella esposa de su amo se fijó en José y le animó a que se fuera a la cama con ella, pero él se negó.

Eso no quiere decir que no fuera una decisión difícil, pero era la decisión correcta. José le dijo: *¿Cómo, pues, haría yo este gran mal, y pecaría contra Dios?* (Génesis 39:9). Aunque ella le hablaba a José día tras día, él se negó a irse a la cama con ella.

Eso es tener un corazón puro. Los talentos de José y sus habilidades lo llevaron hasta una posición de confianza y autoridad, pero solo un carácter excelente podía impedir que abusara de la confianza de su amo.

Si crees que ser puro o tomar las decisiones correctas te hace inmune a la crítica o incluso a la falsa acusación, piénsalo bien. No a todo el mundo se le pondrá la piel de gallina por tu compromiso con Dios y por hacer lo correcto. A la miseria le encanta la compañía, y también al pecado. Negarte a "seguirle la corriente a alguien para ser aceptado" a veces puede producir crítica y una red de amistades que va menguando. Aun así, haz lo correcto.

La esposa de Potifar no iba a aceptar un no por respuesta. Un día, José entró en la casa para realizar sus tareas, y no había dentro ninguno de los sirvientes de la casa. Ella se aferró a la ropa de José y le invitó de nuevo a acostarse con ella. Él huyó, dejando su túnica prendida en las manos de ella mientras huía corriendo de la casa. A veces hay que hacer algo más que decir no; hay que huir. Ella fue capaz de estropear la ropa de José, pero no consiguió estropear su carácter. José tenía puesta su ropa interior.

¿Sabes de dónde viene la palabra *fornicación*, o qué significa? Se refiere a cualquier relación sexual fuera del vínculo matrimonial. Podemos encontrar siete listas de pecados en las cartas del apóstol Pablo, y la fornicación está en primer lugar en cinco de esas listas (ver 1 Corintios 5:11; Colosenses 3:5). La raíz de esa palabra es *fornex*, y hace referencia a una parte específica de un coliseo antiguo. En el coliseo de Éfeso, por ejemplo, se reunían miles de personas para entretenerse viendo a los cristianos ser torturados y después martirizados por su fe. Prostitutas desnudas esperaban en el vestíbulo del coliseo, llamando a los que salían para que tuvieran sexo con ellas, mientras la sangre de los cristianos aún empapaba el suelo. De esa escena es de donde tenemos la palabra *fornicación* hoy día, la cual tiene que ver con la actividad sexual de cualquier tipo fuera del matrimonio.

¿Alguna vez has pensado que tu Biblia enseña que la desnudez fuera del vínculo del matrimonio santo está relacionada con las potestades demoniacas? Lee en Marcos 5:1-20 la historia del endemoniado que cayó a los pies de Jesús en Gadara. El hombre tenía unos dos mil demonios atormentándolo de día y de noche, y la principal manifestación de ese tormento era que se despojaba de toda la ropa y corría desnudo entre las tumbas, gritando y cortándose con las rocas.

Cuando Jesús liberó a esta persona y echó fuera a los demonios, la ciudad se sorprendió de ver al hombre *vestido y en su juicio cabal* (v. 15). Creo que hay una conexión en las Escrituras entre el poder demoniaco y la desnudez, tanto en América como en otras culturas alrededor del mundo. Proverbios 6:27 dice: *¿Pondrá el hombre fuego en su seno sin que ardan sus vestidos?*

Si estás sentado alrededor de una fogata y decides llenar una pala de carbones encendidos y volcártela en el regazo, ¿qué sucedería? Lo primero y más obvio es que tu ropa se quemaría, ¡seguido rápidamente de algunas capas de tu piel! El escritor de Proverbios usó este ejemplo extremo para hacerse entender: el fuego de la lujuria puede prender tu ropa, y tu pureza, si se lo permites.

Dejarnos la ropa puesta depende de las decisiones que tomamos en cuanto a lo que permitimos en nuestra vida. Lo que escuchas, lo que miras y en lo que piensas afecta tu capacidad de tomar las decisiones necesarias para vivir una vida santa. He tenido jóvenes (y adultos) que se han acercado a mí para decirme: "No puedo llevar una vida santa. Me cuesta mucho. No puedo dejar de acostarme con personas". ¿Sabes por qué no puedes dejar de hacerlo? No puedes dejarlo porque sigues revolcándote en el "fuego" que quema tu ropa. Lo que pongas en tu vida afianzará, o socavará, tu pureza sexual. Ni siquiera puedo escribir en estas páginas la letra de muchas canciones populares de hoy porque esas letras son repugnantes. He hablado en conferencias donde miles de adolescentes vuelven a dedicar su vida a Cristo, y después salen de ese lugar con los auriculares puestos escuchando la misma música que escuchaban antes de tomar la decisión. Si te llamas cristiano y estás constantemente grabando letras e imágenes como esas en tu mente, también volcarás esos carbones encendidos en tu regazo. Y tendrás igualmente poca oportunidad de seguir con tu ropa puesta.

Al enemigo le gusta usar la táctica del arco y la flecha. Se mantiene a cierta distancia, disparando dardos de fuego a tu mente, para ver y observar cómo respondes. Por eso Pablo nos advirtió que nos vistamos con toda la armadura de Dios, alzando el escudo de la fe para repeler esos dardos de fuego (ver Efesios 6:10-20). No entretengas pensamientos "calientes". Vístete con la justicia de Dios, y vístete con la ropa literal que Dios te ha dado. Persigue la pureza de corazón que te llena, hasta que no haya espacio para el espíritu de lujuria o los deseos ilícitos de la carne.

CUIDADO CON EL VIAJERO

En el Antiguo Testamento, el profeta Natán llamó la atención al rey David por tener una aventura adúltera con una mujer llamada Betsabé. Comenzó un día cuando David estaba en su casa en el palacio. Desde el terrado del palacio David vio a una hermosa mujer bañándose (ver 2 Samuel 11). Impactado con Betsabé, indagó sobre ella y descubrió que estaba casada. Eso no pareció importarle a David, ya que envió a que la llevaran al palacio y durmió con ella. Como consecuencia, ella quedó embarazada. Con la esperanza de ocultar la verdadera identidad del papá del bebé, David intentó engañar al esposo de Betsabé que regresaba de la batalla para que se fuera a su casa y se acostara con su esposa. Entonces, cuando su esposo rehusó volver a casa debido a que los hombres junto a los que luchaba no harían lo mismo, David lo envió de nuevo al campo de batalla, a la primera línea de fuego, donde murió.

El profeta Natán llega y confronta a David contándole una historia:

> *Había dos hombres en una ciudad, uno rico y el otro pobre. El rico tenía numerosas ovejas y vacas, pero el pobre no tenía más que una sola corderita, que él había comprado y criado, y que había crecido con él y con sus hijos juntamente, comiendo de su bocado, bebiendo de su vaso y durmiendo en su seno igual que una hija. Un día llegó un viajero a visitar al hombre rico, y éste no quiso tomar de sus ovejas y de sus vacas para dar de comer al caminante que había venido a visitarlo, sino que tomó la oveja de aquel hombre pobre, y la preparó para quien había llegado de visita.* (2 Samuel 12:1-4)

David, por supuesto, es el hombre rico que robó la "corderita": Betsabé. Su esposo es el hombre pobre, pero ¿alguna vez has pensado en quién es el viajero en la historia de Natán? ¿Quién o qué motivó la decisión de David? El viajero representa un pensamiento lujurioso. No puedes impedir que un viajero llegue a ti, pero no tienes por qué recibirlo.

Una cosa es ser tentado, y todos somos tentados de una o de otra manera, pero la tentación no es el pecado. El pensamiento que entra en tu mente no es el pecado; lo que importa es lo que haces con el pensamiento. Cuando permitimos que nuestros pensamientos lujuriosos dominen nuestra mente, bueno, eso será en lo único que podamos pensar. Y eso está a solo un paso de que actúes con base en ese tipo de pensamiento e invites al pecado a entrar en tu vida. Ahora bien, la corderita era preciosa para el hombre pobre. Era lo único que tenía. Era todo para él, y como el hombre rico albergó al viajero, la corderita murió. Cuando albergas y alimentas las imaginaciones y los pensamientos de lujuria, algo precioso va a morir en tu vida. Podría ser tu matrimonio. Podría ser el de otra persona. Podría ser la reputación que tienes. Podría ser el gozo y el propósito. Podría ser la unción.

Cuidado con el viajero. Los pecados de lujuria comienzan con un pensamiento pasajero. La manifestación del espíritu de Jezabel se está moviendo por el mundo en busca de hombres o mujeres que lo dejen entrar. Y, si ese espíritu es bienvenido con un plato de comida caliente y una cama cómoda, te traerá la destrucción.

El pecado lujurioso es tentador por un buen motivo. Puede ser agradable. A veces, los cristianos actúan como si quienes pecan lo están pasando muy mal en el mundo. Bueno, quizá al final empeora, pero se siente bien por un tiempo. Incluso Pablo escribió en Hebreos 11:25 sobre los "deleites temporales del pecado". Está aquí, quizá te haga sentir bien, pero después se termina, y también se acaba el buen sentimiento. Y, por lo general, las consecuencias llegan como dolorosas repercusiones.

Hay algunas cosas que podemos aprender de David y el "viajero":

1. *Detenerse tras la primera mirada*. David no pudo evitar ver lo que vio, la imagen de una hermosa mujer bañándose, pero pudo decidir cómo responder a ello. Pudo haber sacado sus rollos y leer algunas partes de las Escrituras, o haber sacado su arpa para cantar un canto de adoración, o haber hecho algo para llevar su mente donde debía estar. En lugar de ello, hizo dos cosas que no debería haber hecho: invitar al pensamiento a entrar y quedarse, y seguir pensando en la mujer. Preguntó para indagar quién era. Supo que se llamaba Betsabé y que estaba

casada con Urías. Y no se detuvo ahí. También alimentó al "viajero". Envió un mensajero para que llevara a Betsabé al palacio. Ese acto finalmente condujo al pecado de David. Todo comenzó con un mal pensamiento que David no controló. Nunca se detuvo a pensar en cuán lejos lo llevaría el viajero. Se convirtió en un mentiroso, adúltero y asesino.

Si miras el tiempo suficiente, tu cuerpo te seguirá. No siempre podemos evitar ver lo que vemos pasar, pero podemos controlar nuestra respuesta. A menudo, lo mejor que podemos hacer es lo que enseña la Biblia, y lo que vimos hacer a José: ¡Huir, salir corriendo en dirección contraria!

Solo hay una ocasión en la Biblia en la que vemos que se les dice a los cristianos que huyan. Primera de Corintios 6:18 nos dice: *"Huid de la fornicación".* ¡Corre, corre lo más rápido que puedas! Cuanto más te quedes en la computadora, en el teléfono, en una conversación, tomando un trago, en la misma habitación, en cualquier lugar con alguien con quien no deberías estar o haciendo algo que sabes que no deberías hacer, sal. Vete. Corre. Ahora.

Mientras más tiempo te quedes en una situación tentadora, más débil serás.

2. *No estar donde no se debe.* La historia de David y Betsabé comienza con este versículo: *En la primavera, que era la época en que los reyes salían de campaña, David mandó a Joab con la guardia real y todo el ejército de Israel* (2 Samuel 11:1, NVI). Cuando los reyes debían estar en el campo de batalla con el resto de su ejército, David se quedó en su casa. Estaba en el lugar erróneo en el momento equivocado. La mayoría de las personas caen en tentación cuando están en lugares donde no deberían estar o con personas con las que no debían. ¿Dónde se supone que debes estar? Revisa tu ubicación y asegúrate de estar en el lugar donde Dios quiere que estés. Si estás eludiendo la responsabilidad o evitando el

trabajo duro que sabes que tienes que hacer, será más probable que te encuentres con un viajero, como le pasó a David.

3. *No preguntes por nadie ni por nada que te suponga una tentación.* Cuando David miró y siguió mirando a Betsabé, preguntó a sus siervos para averiguar sobre ella. Pero ¿por qué pregunta un hombre casado sobre otra mujer? No era de su incumbencia. No tenemos que preguntar, buscar en nuestra computadora, estar buscando en Google archivos ejecutables. Eso nos hace ser vulnerables. Deja de preguntar, ya sea a otras personas o a Google.

Tu destino determina la ruta a tomar. Para guardar la integridad sexual, establece y mantén tus límites. Rehúsa ponerte en una situación que te llevará a la tentación. Eso sucederá. Nadie es inmune a ello; por lo tanto, ¿para qué escoger estar en el lugar erróneo en el momento equivocado cuando ese siguiente paso peligroso puede llevarte a la muerte? Mantente alerta. Cuando el viajero llame a la puerta, dile que continúe con su viaje.

DECISIONES SABIAS EN LOS PEORES MOMENTOS

Raras veces tomamos decisiones difíciles de la vida en las circunstancias ideales. ¿Te has dado cuenta de que, cuando te ves forzado a tomar una decisión, se produce bajo estrés? Y, en ese momento, tienes que tener algo en ti que sea firme, que te impida arruinar tu vida por una decisión tomada a lo loco. He visto mucho remordimiento en el rostro de muchos esposos que tuvieron esa relación de una noche tras haber discutido con su esposa. ¿Por qué tomaron una decisión tan terrible? Estaban enojados y fueron impulsivos.

Las emociones a menudo son las culpables de nuestras malas decisiones. A menos que decidas de antemano qué hacer en ciertas circunstancias, estarás solamente a un paso de tomar la decisión equivocada. Por eso se nos dice que hagamos un testamento o que pensemos en decisiones acerca de los últimos días de vida antes de estar en esas situaciones. Si no decides qué hacer antes de los peores momentos, no escogerás lo correcto durante esos malos momentos.

En Colosenses 1:22 Pablo habla sobre presentarnos irreprochables delante de Dios permaneciendo "*fundados y firmes*". La veracidad de tu fe tiene que estar asentada, fija y establecida como algo permanente en tu mente antes de entrar en una crisis o enfrentar una tentación. Esa es la única forma en la que puedes tomar las mejores decisiones en circunstancias muy lejos de ser perfectas.

Es como tener una lista de las compras cuando vas a la tienda. Si entras a un supermercado y te ciñes a los artículos de tu lista, saldrás poco tiempo después habiendo comprado bien, según tu plan y tu presupuesto. Entra al supermercado sin haber decidido lo que quieres comprar, y saldrás con un carrito lleno de bolsas de cosas que no necesitas, y cientos de dólares se habrán ido de tu cuenta bancaria. Resuelve la situación antes de que comience.

Si quieres tomar buenas decisiones en las peores circunstancias, aquí tienes unos pasos para dar ahora a fin de evitar después la inmoralidad sexual:

1. *Reconocer que eres vulnerable*. Ninguno de nosotros, al margen de cuál sea nuestra posición o plataforma, es inmune a cometer inmoralidad sexual. Una de las peores actitudes que podemos tener es pensar que *eso nunca me pasará a mí*. No es que tengamos que vigilar nuestros pasos hasta el punto de volvernos paranoicos con respecto a cada movimiento que hacemos o que otros hacen, pero deberíamos tener un reconocimiento saludable de que nadie está libre de pecado.

2. *Mantener unos límites adecuados*. Presta atención a lo que ves, lo que escuchas, con quién andas, los lugares que frecuentas, las cosas que haces. ¿Alguna de esas cosas te lleva por el camino de la tentación? ¿Estás en un lugar del cual muy pronto será mucho

más difícil salir? Si continúas viendo, o escuchando, o saliendo, ¿el sabor empezará a ser amargo?

Es importante prefijar límites en tu espacio personal. A veces, no es una buena idea acercarte demasiado a alguien del sexo opuesto. Un abrazo puede prolongarse demasiado. Un toque puede abrir puertas que deberían permanecer cerradas. Presta atención al tiempo que pasas con alguien. ¿Algo de lo que haces (como que acaricien tu ego, por ejemplo) está creando una atmósfera que, aunque está empezando a hacerte sentir bien, seguramente te llevará por una cuesta resbaladiza de destrucción?

Finalmente, vigila tu lenguaje corporal. Puedes decir mucho sin decir ni una sola palabra.

3. *Buscar ayuda; contactar.* Leí una historia en una revista acerca de un pastor casado que se sentía atraído por una mujer de su iglesia. Ella también se sentía atraída por él, aunque no había habido nada físico ni emocional entre ellos. Tan solo tuvieron unas cuantas conversaciones en las que era obvio que había química. Él sabía que seguir interactuando con ella no sería sabio. También sabía que las épocas de tentaciones pasan, así que decidió conectar con un amigo de confianza. Le dijo a este amigo: "Si eres mi amigo de verdad, no quiero que me preguntes por qué, pero quiero que durante unas cuantas semanas me llames a las 6:00 de la tarde todos los días y me preguntes qué hice en todo el día".

El amigo del pastor parecía algo confuso, pero accedió a hacerlo. Después de tres semanas, el pastor tenía su corazón y su mente en el lugar correcto, estableció sus límites, y se propuso evitar a esa mujer. Este hombre tomó la sabia decisión de contactar a su amigo y decidir rendirle cuentas voluntariamente, aunque no le contara toda la situación a su amigo. Funcionó. Eso lo mantuvo en una línea de pensamiento correcto y enfrió un deseo que finalmente habría costado a ambas partes algo precioso.

Tenemos un enemigo implacable. Quizá pienses que has sometido al pecado hoy, pero no olvides nunca que el diablo regresará. Si no es mañana, regresará en otro momento oportuno (ver Lucas 4:13).

RECUERDA QUE EL CABELLO SIEMPRE VUELVE A CRECER

Ciertas cosas nos llegan de forma impactante, como una separación o un cambio repentino del tiempo, pero hay algunas cosas que nos sorprenden y que realmente no deberían ser tan inesperadas. Al igual que un automóvil que se queda sin gasolina cuando la aguja de la gasolina lleva toda la semana en la R de reserva, o un corte de cabello que necesita un arreglo después de seis u ocho semanas.

Probablemente conoces la historia bíblica de Sansón, el hombre más fuerte de Israel. Él reveló el secreto de su fuerza, que era no cortarse el cabello, a una mujer filistea de la que se enamoró. Ella metió las tijeras en la gran melena y destruyó la vida de este hombre tal y como él la conocía. Puedes leer la historia en Jueces 16. Quiero ver la historia de Sansón, pero no desde la perspectiva que quizá te imaginas. No quiero ahondar en los peligros de las tentaciones, pues ya hemos hablado de eso. Quiero que la veamos desde la perspectiva de los filisteos, concretamente lo que deberían haber esperado, pero se perdieron.

Cuando Dalila le cortó el cabello a Sansón, los filisteos lo capturaron, lo dejaron ciego, lo ataron con cadenas, y lo pusieron a trabajar en una cárcel como un molinillo. Este es el versículo que me parece fascinante: *Pero el cabello de su cabeza comenzó a crecer después que fue rapado* (Jueces 16:22).

Eso no debería haber sido una sorpresa para nadie. No hay nada sobrenatural en que el cabello vuelva a crecer. Lo cortas, dejas pasar unas semanas, y vuelve a aparecer. Pero me pregunto por qué los filisteos, o el comandante, o el general que estaba al mando del equipo de secuestro, no consideró esa posibilidad. Me refiero a que Sansón no era el típico hombre fuerte. No era solo un agente de los Navy SEAL, sino más bien como varios equipos de operaciones especiales combinados en un solo hombre. Podía matar a mil soldados él solo. Era fuerte, inteligente, entendido, con recursos, y por encima de todo, tenía la unción de Dios sobre su vida.

Cuando la cabeza de Sansón estaba rapada, intimidaba lo mismo que un caniche (*poodle*). Me imagino los primeros días después de su captura, con los filisteos en alerta máxima, poniendo guardias armados para vigilar a Sansón 24 horas al día, con las manos y los pies atados con grilletes. Pero, después de un tiempo, cuando comenzaron a entender la verdad de que este hombre fuerte realmente había perdido su fuerza, me imagino que todos comenzaron a relajarse al pasar junto a él. Quizá algunos incluso se acercaban más a propósito en lugar de mantener la distancia. Tal vez algunos incluso le arrojaban cosas, como restos de comida, o le daban golpes en la coronilla de la cabeza. A fin de cuentas, Sansón no podía ver lo que nadie le hacía o lo que le lanzaban. En algún momento, nadie estaba ya preocupado por Sansón. Ya no era una amenaza para nadie.

Los filisteos se olvidaron del poder que Sansón había mostrado. Una vez que su fuerza se había ido, supusieron que lo había perdido para siempre. A nosotros nos pasa lo mismo, ¿no crees? Tendemos a olvidar que viejos hábitos y pecados que vencimos ayer intentan regresar. Puede ser un regreso sutil. El cabello crece aproximadamente un centímetro al mes, o medio milímetro al día. Por lo general, no somos tentados de nuevo con toda la fuerza después de superar una tentación previa. Es un relajamiento gradual de la guardia. En el caso de Sansón, los guardias que antes lo vigilaban todas las horas del día y de la noche fueron liberados de su tarea. Quizá expandimos un poco nuestros límites. Decidimos que ya no tenemos que ser tan agresivos. Quizá nuestra primera mirada se demora un poco. O aparecemos en algún lugar donde sabemos que no deberíamos estar, pero solo lo hacemos por unos minutos. No nos engañemos. El cabello vuelve a crecer. A veces incluso con más fuerza.

En los momentos finales de Sansón, un niño lo condujo hasta una gran fiesta que habían organizado los filisteos para celebrar a su dios, Dagón. Sansón pidió que lo situaran en el centro de la fiesta, entre los dos pilares que soportaban el peso del templo. La gente quería que él los entretuviera mientras comían, bebían, y celebraban alegremente. Pero Sansón tenía otra cosa en mente:

Entonces Sansón dijo al joven que lo guiaba de la mano: «Acércame y hazme palpar las columnas sobre las que descansa la casa, para que me apoye sobre ellas.» La casa estaba llena de hombres y mujeres, y todos los principales de los filisteos estaban allí. En el piso alto había como tres mil hombres y mujeres que estaban mirando el escarnio de Sansón. Entonces clamó Sansón a Jehová, y dijo: «Señor Jehová, acuérdate ahora de mí y fortaléceme, te ruego, solamente esta vez, oh Dios, para que de una vez tome venganza de los filisteos por mis dos ojos.» Asió luego Sansón las dos columnas de en medio, sobre las que descansaba la casa, y echó todo su peso sobre ellas, su mano derecha sobre una y su mano izquierda sobre la otra. Y gritó Sansón: «¡Muera yo con los filisteos!» Después se inclinó con toda su fuerza, y cayó la casa sobre los principales y sobre todo el pueblo que estaba en ella. Los que mató al morir fueron muchos más que los que había matado durante su vida. (Jueces 16:26-30)

Cualquier obra del enemigo que permitamos que regrese, lo hará con más fuerza. Tenemos que rapar el pecado y mantenerlo a raya, lejos de nuestra vida. Cuando abrimos la puerta aunque sea una ranura, cuando se nos olvida la fuerza del pecado, quedamos a su merced. Y, cuando permitimos que el enemigo regrese después de haberlo expulsado, bueno, regresará con más fuerza. Cuando Sansón regresó, no era más débil que antes de que lo obligaran a hacerse un corte de cabello, sino más fuerte. Literalmente, tiró abajo toda la casa y mató a más personas en su muerte que en toda su vida.

Jesús mismo enseñó esta lección sobre los regresos fuertes. Dijo:

> Cuando el espíritu impuro sale del hombre, anda por lugares secos buscando reposo, pero no lo halla. Entonces dice: "Volveré a mi casa, de donde salí." Cuando llega, la halla desocupada, barrida y adornada. Entonces va y toma consigo otros siete espíritus peores que él, y entran y habitan allí; y el estado final de aquel hombre viene a ser peor que el primero. Así también acontecerá a esta mala generación.
>
> (Mateo 12:43-45)

¿Esa adicción que venciste? Mantente alerta. ¿La pornografía que hace dos semanas que no ves, que piensas que nunca más vas a volver a ver? Mantén tus límites en su lugar. ¿La aventura amorosa que terminaste? Borra el número y olvida su nombre. Adopta una postura agresiva contra el pecado y mantén la guardia arriba.

El Espíritu nos da deseos que son opuestos a lo que desea la naturaleza pecaminosa. Estas dos fuerzas están luchando constantemente la una contra la otra mientras nos esforzamos por hacer realidad nuestras mejores intenciones. Gálatas 5:16-18 lo dice así:

> Andad en el Espíritu, y no satisfagáis los deseos de la carne, porque el deseo de la carne es contra el Espíritu y el del Espíritu es contra la carne; y estos se oponen entre sí, para que no hagáis lo que quisierais. Pero si sois guiados por el Espíritu, no estáis bajo la Ley.

Es una lucha tan antigua como el tiempo mismo. Debes establecer límites bíblicos. Mantén la mente, el cuerpo, los ojos, los oídos y la conducta bajo la autoridad del Espíritu Santo.

¿Sabes quién gana la batalla entre la carne y el espíritu? El que más alimento recibe. Si alimentas tu naturaleza carnal con pensamientos impuros, tu carne ganará. Por el contrario, si alimentas la nueva naturaleza que has recibido con la Palabra de Dios, mensajes edificantes y buenos pensamientos, entonces tu nueva naturaleza derrotará el poder de la tentación a pecar (ver Filipenses 4:8).

El pecado está aquí para quedarse, pero Jesucristo también. Por medio de Él, Dios no te ve como alguien superado por la lujuria de la carne. Él te ve como un vencedor.

13

VIVIR AL BORDE DE LA ETERNIDAD

En noviembre de 1963, un famoso dramaturgo llamado David Lodge estaba sentado en el teatro Birmingham Repertory en Inglaterra, viendo su obra "Between These Four Walls" (Entre estas cuatro paredes), que se estaba representando. En el primer acto, uno de los actores tenía que encender un aparato de radio y dejarlo sonar. La audiencia se quedó cautivada con los actores y estaba metida por completo en el entretenimiento de la obra, cuando de repente sonó una fuerte voz por la radio: "Hoy, 22 de noviembre de 1963 en Dallas, Texas, el presidente John F. Kennedy ha sido asesinado de un disparo".

Todos en la sala se quedaron pasmados de repente. El actor apagó la radio lo más rápido que pudo, intentando salvar el resto de la actuación, pero ya era demasiado tarde. Una a una, las personas comenzaron a salir del teatro. Lo que había sucedido en el mundo real había puesto fin al mundo representado. ¡Se terminó la función! La hora de la tragedia había llegado, y las personas fueron despertadas.

¿Estás en una situación similar en este momento? ¿Es posible que te hayas acomodado tanto con la vida diaria que te hayas quedado dormido ante la realidad espiritual de lo que verdaderamente está sucediendo? La función se ha terminado. Es el tiempo de despertar y entender que Jesús viene pronto.

> *Y esto, conociendo el tiempo, que es ya hora de levantarnos del sueño, porque ahora está más cerca de nosotros nuestra salvación que cuando creímos. La noche está avanzada y se acerca el día. Desechemos, pues, las obras de las tinieblas y vistámonos las armas de la luz. Andemos como de día, honestamente; no en glotonerías y borracheras, no en lujurias y libertinaje, no en contiendas y envidia. Al contrario, vestíos del Señor Jesucristo y no satisfagáis los deseos de la carne.*
> (Romanos 13:11-14)

Algunas personas tienen la idea de que se deben cumplir ciertas profecías antes de que pueda regresar Jesús. Eso ya no es cierto, porque ya se han cumplido todas. En cualquier momento, Jesús podría regresar.

Estamos viviendo al borde de la eternidad.

NEGOCIAD ENTRE TANTO QUE VENGO

Aunque tenemos que creer por completo en el regreso inminente de Jesucristo, debemos hacer algo más que solo creer. Tenemos que actuar, o en palabras de Jesús: *Negociad entre tanto que vengo* (Lucas 19:13, RVR 1960). Un concepto no puede pesar más que el otro.

No deberíamos limitarnos a meter la cabeza en la arena mientras esperamos el regreso de Cristo. No deberíamos cuestionar si debemos seguir teniendo familia, o empezar un plan para nuestro futuro a veinte años, o hacer planes para el mes siguiente. Negociamos.

¿Qué significa esto? Soñamos y creemos. Amamos y damos. Servimos y compartimos. Mientras negociamos en esta tierra hasta que Jesús regrese, debemos tener una visión para el futuro.

En lugar de rendirnos con las personas, o lanzar críticas, o escondernos en un búnker, o quedar seducidos por la euforia de los últimos tiempos, debemos recoger las armas del pasado: oración, lectura de la Biblia y ayuno. Tenemos que actuar. Tenemos que encontrar el valor para levantarnos en este momento. Tenemos que limpiar la casa y preparar nuestro corazón.

El futuro está cargado de grandes oportunidades. Hechos 2:17 nos dice lo que podemos esperar:

En los postreros días —dice Dios—, derramaré de mi Espíritu sobre toda carne, y vuestros hijos y vuestras hijas profetizarán; vuestros jóvenes verán visiones y vuestros ancianos soñarán sueños.

El caos de nuestros acontecimientos actuales crea un espacio abierto para una generación de personas talentosas, innovadoras, que piensan en el futuro, para participar en política, la industria del entretenimiento, los medios de comunicación, el ámbito académico, la tecnología, los negocios, medicina, derecho, innovación y ciencia. Para compensar a los que niegan el día del juicio, ¿qué pasaría si Dios planea expandir el papel de nuestras naciones a través de la Iglesia? Yo no creo que Él haya terminado con ninguno de nosotros. No creo que se haya terminado. Debemos retarnos mutuamente, y en especial a nuestros jóvenes. ¿Les estamos enseñando a descubrir la visión de Dios para su vida? ¿Estamos mostrando a la siguiente generación por qué están aquí, quiénes son, y que cualquier cosa que hagan para Dios es importante?

Lo que hagamos para Dios en esta tierra es importante. Hechos 2:17 habla del ímpetu prometido. No hay pasividad ahí. No es el tiempo para acurrucarnos en posición fetal y escondernos hasta que Jesús aparezca por segunda vez, sino todo lo contrario; es el momento de negociar participando en la carrera para ganar.

NACIDO PARA GANAR

En Génesis 49:19 un agonizante Jacob ofreció una inusual profecía sobre Gad, uno de sus doce hijos: *A Gad, un ejército lo asaltará, mas él acometerá al final.* Jacob le dijo a Gad que tendría una época en la que sentiría que estaba perdiendo, pero al final, cuando más importara, triunfaría. Gad nació para ganar, no para perder.

Qué profecía tan poderosa. Cuando nació, su madre lo llamó Gad, que significa "viene una tropa". En otras palabras, ella vio las fuerzas negativas que él tendría que enfrentar. Pero Jacob vio algo distinto.

Al igual que Gad, sé que habrá momentos en tu vida en los que te sentirás pisoteado. Pero te digo que ese no es tu destino. Tú no naciste para perder, no naciste para ser insignificante. Por eso, cuando tengas momentos en los que parezca que estás perdiendo, tienes que recordarte a ti mismo quién es tu Dios y qué dice acerca de ti. Al final, naciste para ganar.

Habrá momentos en los que te parecerá que no puedes dar ni un paso más. Quizá tus sueños han quedado hechos pedazos. Te sentirás como si te hubieran pisoteado, pero Dios dijo que tú no naciste para ser derrotado. Tú no naciste para perseguir cosas triviales. De nuevo, no naciste para perder. En estos tiempos de incertidumbre, recuerda quién eres. Dios tiene un destino poderoso para tu vida.

El versículo de 1 Juan 4:4 lo dice así: *Hijitos, vosotros sois de Dios y los habéis vencido, porque mayor es el que está en vosotros que el que está en el mundo.* Tú has nacido de Dios, y Él te está llamando a cosas más altas. Por lo tanto, aunque quizá lleguen problemas, eres un vencedor, y eso es parte de tu identidad. Quizá experimentes otra pandemia, más conflictos globales y una división política más fuerte, pero lo que Dios puso en ti es más fuerte que los acontecimientos del día. Llegarás al otro lado. No naciste para rendirte. Dios no te trajo hasta aquí para que termines con un final de incertidumbre y oportunidades perdidas.

La Palabra de Dios dice que eres cabeza y no cola, que estás encima y no debajo (ver Deuteronomio 28:13). Eres alguien con el potencial de sacudir el mundo y molestar al diablo. Despierta al gigante que hay dentro de ti. Recuerda las palabras de Jesús: *Edificaré mi iglesia; y las puertas del Hades no prevalecerán contra ella"* (Mateo 16:18, RVR 1960). Tú eres la casa de Dios. Él no te hizo su casa solo para marcharse en los momentos difíciles.

Ahora mismo quizá no sientes que estás ganando, pero al igual que Gad, si te aferras de las promesas de Dios, al final serás victorioso.

Naciste para ganar.

AUNQUE QUIZÁ LLEGUEN PROBLEMAS, ERES UN VENCEDOR, Y ESO ES PARTE DE TU IDENTIDAD.

CONSEJOS PARA GANAR LOS JUEGOS OLÍMPICOS ESPIRITUALES

El apóstol Pablo vivió durante la época de los Juegos Olímpicos. Los primeros juegos se remontan al año 776 a. C. y consistían en un evento de un solo día. En el año 684 a. C. los juegos se prolongaron hasta tres días de duración. En el siglo V a. C., los Juegos Olímpicos cubrían cinco días e incluían carreras, salto de longitud, lanzamiento de bala, jabalina, boxeo, pancracio y eventos ecuestres.[1] A las mujeres no se les permitía competir; finalmente tendrían unos juegos separados para ellas. Quizá tenía que ver con el hecho de que muchos de los concursantes varones competían desnudos (se decía que la ropa dificultaba la resistencia, el vigor y la velocidad).

A diferencia de hoy día, la lucha y el pancracio (una mezcla de boxeo y lucha) tenían pocas reglas, principalmente no morder ni meter los dedos en los ojos, la nariz, o la boca del oponente. Un evento agotador era la carrera hoplita. Los competidores tenían que correr 384 metros o 768 metros mientras llevaban puesta una armadura de hoplita estándar que pesaba unos veinticinco kilos. Finalmente, los ganadores de los Juegos Olímpicos recibían no medallas de oro, sino coronas hechas de hojas de olivo tomadas de un olivo salvaje y sagrado cercano al templo de Zeus. En ese entonces, se creía que quien llevara esas hojas en particular adquiría cualidades divinas como el dios Zeus. A los afortunados vencedores también se les erigía una estatua en su honor en su ciudad natal.

Si miras con atención, observarás que algunas de las cartas que Pablo escribió a la Iglesia están salpicadas de un lenguaje competitivo, como si estuviera comparando el viaje de la fe con los Juegos Olímpicos. Leamos los siguientes versículos:

> *¿No sabéis que los que corren en el estadio, todos a la verdad corren, pero uno solo se lleva el premio? Corred de tal manera que lo obtengáis.* (1 Corintios 9:24)

> *He peleado la buena batalla, he acabado la carrera, he guardado la fe.* (2 Timoteo 4:7)

Me encanta la imagen que usa Pablo en Hebreos 12:1-2:

> *Por tanto, nosotros también, teniendo en derredor nuestro tan grande nube de testigos, despojémonos de todo peso y del*

pecado que nos asedia, y corramos con paciencia la carrera que tenemos por delante, puestos los ojos en Jesús, el autor y consumador de la fe, el cual por el gozo puesto delante de él sufrió la cruz, menospreciando el oprobio, y se sentó a la diestra del trono de Dios.

Veo este pasaje como una arenga de Pablo a los cristianos que participamos en nuestros propios Juegos Olímpicos espirituales. Desata lo que te retiene, corre con paciencia, fija tus ojos en Jesús. Estos son buenos consejos de entrenador para nosotros hoy. A medida que lees cosas negativas que pintan una imagen devastadora de racismo sistémico, la eliminación de la religión de la sociedad, odio salpicando por todas partes, una legislación tras otra que no se alinea con la Palabra de Dios, quiero ofrecerte cinco consejos sobre lo que significa negociar en esta tierra, esperar con anticipación la venida de Cristo, y también participar en la carrera de la vida.

CONSEJO Nº 1: ESFUÉRZATE POR LA MAESTRÍA.

Eclesiastés 9:10 (RVR60) nos da un buen consejo: *Todo lo que te viniere a la mano para hacer, hazlo según tus fuerzas.* Otra forma de decirlo es: "Da el cien por ciento de ti en todo lo que hagas". Si enseñas, sé el mejor. Si eres un atleta, entrena para ganar. Si eres papá o mamá que trabaja en casa, hazlo con todas tus fuerzas.

Cayendo a una velocidad de casi 65 kilómetros por hora, los saltadores olímpicos entran en el agua desde una plataforma de diez metros (más de tres pisos). Si el saltador no entra bien en el agua, el impacto tiene el potencial de romperle las muñecas. Es una de las razones por las que probablemente verás que los saltadores tienen las muñecas vendadas cuando están compitiendo. Además de horas de entrenamiento en tierra seca, estos competidores practican en la piscina diariamente entre tres y seis horas. Saben cómo recibir el entrenamiento que necesitan para dominar su disciplina.

Igual que esos saltadores, nosotros necesitamos una actitud espiritual que diga: "Me estoy esforzando por ser el mejor".

CONSEJO Nº 2: ESFUÉRZATE POR GANAR.

Vive con una mentalidad de ganador. Durante los tiempos antiguos, solo un ganador en cada evento se llevaba el premio. No había medallas de oro, de plata y de bronce. O ganabas y te llevabas una corona, o no te llevabas nada. Cuando se trata de nuestra vida espiritual, me pregunto cuántas veces nos conformamos con el segundo puesto. Nos resignamos a tener un mal hábito. Aceptamos sustitutos baratos en lugar de la vida abundante que Jesús vino a darnos.

Me pregunto si Pablo tenía la imagen de los Juegos Olímpicos en mente cuando escribió estas palabras: *¿No sabéis que los que corren en el estadio, todos a la verdad corren, pero uno solo se lleva el premio? Corred de tal manera que lo obtengáis* (1 Corintios 9:24). ¡Participa en ella para ganarlo!

No debemos conformarnos con nada menos que la victoria. Dedícate en cuerpo y alma a los sueños que Dios quiere que logres, las metas para las que te ha equipado, y la vida que quiere que vivas. Aquí no hay un trofeo solo por participar. O ganas o no ganas. ¡Ve por el oro!

CONSEJO Nº 3: TOMA LA RESPONSABILIDAD DEL ESFUERZO.

No había competiciones por equipos en los Juegos Olímpicos Antiguos. Todos competían en pruebas individuales. Del mismo modo ahora, en tu carrera espiritual, aunque tus padres fueron a la iglesia o tu abuela era una guerrera de oración, sus legados no se convierten en tus logros. Pablo escribió: *De manera que cada uno de nosotros dará a Dios cuenta de sí* (Romanos 14:12). Cuando estés delante del trono el día del juicio, tendrás que responder por ti mismo de lo que has hecho con tu vida. ¿Les diste a los pobres? ¿Fuiste misericordioso? ¿Estuviste dispuesto a agarrar el teléfono cuando alguien al otro lado necesitaba oración? ¿Fuiste un bien para el ministerio del Señor Jesucristo, o tan solo te asomabas?

CONSEJO Nº 4: NUNCA ABANDONES.

Los ganadores de los juegos, y de la vida, son los que no abandonan. Los atletas que querían competir en los Juegos Olímpicos Antiguos tenían que hacer un juramento diciendo que habían entrenado en su especialidad durante diez meses antes de los juegos. Treinta días antes de los juegos se juntaban para un entrenamiento preliminar, y eran juzgados para ver quién participaba en los juegos. Una vez que se les nombraba como participantes, ya no podían abandonar. Que todos vivamos de tal forma que, cuando nos encontremos con Jesús, podamos decir: *He peleado la buena batalla, he acabado la carrera, he guardado la fe* (2 Timoteo 4:7). Prosigue. Permanece fiel. No abandones.

Tres días antes de cuando debía competir en los Juegos Olímpicos de 1976, un boxeador llamado Howard Davis perdió a su mamá de un ataque al corazón. Él estaba devastado. Su primer instinto le decía que se fuera a su casa, pero en lugar de eso, decidió ganar una medalla de oro para ella. Dijo: "Estaba dispuesto a morir antes que a perder. Salí a dejarlo todo en el ring".[2] Davis no solo regresó a casa con una medalla de oro, sino que también obtuvo el trofeo Val Barker por ser el mejor boxeador técnico, llamado así en honor a su legendario compañero de equipo Sugar Ray Leonard.

Te tirarán al suelo. A mí también, pero comprometámonos a levantarnos cada vez. Decide en tu mente que no abandonarás. Resistiremos hasta el final.

CONSEJO N° 5: RECUERDA QUIÉN TE ESTÁ ANIMANDO.

Cuando Pablo nos anima a correr la carrera con paciencia en Hebreos 12, habla de que tenemos *"en derredor nuestro tan grande nube de testigos"* (v. 1). Me imagino que quizá había visto las multitudes que abarrotaban el estadio olímpico, donde miles de millares de voces entusiastas rugían con pasión, orgullo y ánimo.

En nuestra carrera de la fe tenemos la ventaja de jugar en casa. Ahora mismo en el cielo hay una nube de testigos, hombres y mujeres que murieron, como Abraham, Isaac, Rut y Jacob. Y, de vez en cuando, se les permite echar un vistazo a nuestra vida en la tierra y animarnos desde las gradas de la gloria. Nos están diciendo a ti y a mí: "No abandones. No te detengas. No te rindas". Mi abuelo también está allí, y mi padre, y mi hermano. Me animo cuando pienso que me están diciendo: "¡Corre! ¡Vas a ganar si no te rindes!".

Ser cristiano en la actualidad no te garantiza que tengas mucho ánimo del mundo. Ponerte del lado de Dios, o escoger vivir según sus estándares y no por las prioridades de nuestra cultura, no te dará muchos aplausos aquí en la tierra. Pero recuerda que, aunque aún no estamos en presencia de ellos, tenemos una nube de testigos saltando de sus asientos y gritándonos a pleno pulmón: "¡Corre la carrera! ¡Gana la medalla! ¡Ve por el oro!".

Esta es la mejor parte de todas: Jesús está de pie en la línea de meta. Leamos de nuevo la parte final de Hebreos 12:1-2:

> *Corramos con paciencia la carrera que tenemos por delante, puestos los ojos en Jesús, el autor y consumador de la fe, el cual por el gozo puesto delante de él sufrió la cruz, menospreciando el oprobio, y se sentó a la diestra del trono de Dios.*

Segunda de Corintios 5:10 nos dice: *Porque es necesario que todos nosotros comparezcamos ante el tribunal de Cristo.* La palabra griega usada aquí para tribunal es *bema*, que significa "el sillón oficial de un juez… el sillón del juicio de Cristo".[3] Me gusta pensar en este tribunal como en una plataforma de premios, como la que hay en los Juegos Olímpicos cuando entregan las coronas o medallas.

Un día vas a comparecer ante el tribunal. ¿Qué dirás a favor tuyo? ¿Qué inversiones tendrás que enseñar? ¿Qué legado le dirás a Dios que dejaste atrás? ¿Qué almas puedes decir que llevaste a los pies de Cristo?

No estoy escribiendo estas palabras para juzgarte. Te estoy preparando para lo que llegará, y alentándote en amor a que te detengas y pienses. ¿Estás preparado? ¿Tienes tu casa en orden? ¿Has hecho todo lo que Dios te ha pedido? ¿Estás usando o enterrando tu talento?

Es el momento de dejar de conformarte con el segundo puesto y poner tus ojos en el premio eterno. En lugar de tener miedo o de paralizarte por saber lo que ocurrirá en los últimos días, recuerda que Dios te está preparando para esto. Ahora no es el momento de frenar, sino de continuar resistiendo y de enfocarte en el premio.

UNA GENERACIÓN JEHÚ

Aunque Satanás trabaja día y noche para destruir el reino de Dios a través de muchos medios, entre los que está el espíritu de Jezabel, sabe que Dios tiene preparada para su pueblo una unción súbita que destruirá al enemigo.

En 1 Reyes 19:15-16 Dios le dijo al profeta Elías que ungiera a un comandante de carros bajo el rey Acab llamado Jehú, y también que nombrara a su sucesor, Eliseo, como el siguiente profeta. Cuando Eliseo tomó el lugar de Elías, dirigió a uno de los profetas de su equipo para que ungiera a Jehú como rey de Israel y profetizara que destruiría a Jezabel y a toda la casa de Acab (ver 2 Reyes 9:1-10).

En ese entonces, la nación de Israel estaba dividida en dos reinos: el reino del sur llamado Judá y el reino del norte llamado Israel. Joram, un rey terriblemente malvado, reinaba sobre el reino del norte y también era hijo del rey Acab y la reina Jezabel. El sobrino de Joram, Ocozías, reinó sobre el reino del sur de Judá. Dios tenía un plan para que Jehú diezmara la dinastía de Acab y Jezabel. Jehú fue ungido bajo estas palabras:

> *Así dijo Jehová, Dios de Israel: "Yo te he ungido como rey del pueblo de Jehová, de Israel. Herirás la casa de Acab, tu señor, para que yo vengue la sangre de mis siervos los profetas y la sangre de todos los siervos de Jehová, derramada por la mano de Jezabel. Toda la casa de Acab perecerá y exterminaré a todo varón de Acab en Israel, tanto al siervo como al libre. Trataré a la casa de Acab como a la casa de Jeroboam hijo de Nabat y como a la casa de Baasa hijo de Ahías. A Jezabel se la comerán los perros en el campo de Jezreel y no habrá quien la sepulte".* (2 Reyes 9:6-10)

La unción para ser rey era algo grande e importante. Ahora bien, cuando te imaginas una unción con aceite, quizá visualizas a un profeta poniendo una pizca de aceite en la frente de Jehú con un dedo untado de aceite. Pero, en ese entonces, era mucho más dramático. El libro de Éxodo nos dice que la cantidad de aceite que se usaba en la unción era de unos seis litros. ¡Jehú quedó empapado de aceite!

Cuando Jehú les dijo calmadamente a los hombres lo que Dios le había dicho, que se convertiría en el siguiente rey, se volvieron locos. Agarraron trompetas y comenzaron a hacerlas sonar, diciendo: "¡Jehú es el rey! ¡Jehú es el rey!", y después se quitaron sus túnicas, porque si era un rey, necesitaba un trono. Y la Biblia dice que había una escalera cerca de ellos, así que arrojaron sus túnicas sobre los peldaños y le hicieron subir por ellos, y después hicieron un montón con sus túnicas y le dijeron que se sentara sobre ellas, ¡porque era el rey!

Por lo tanto, Jehú se sentó, un hombre común y corriente empapado de aceite, sobre un montón de túnicas usadas. Pero lo que él tenía era más que suficiente, ya que tenía la unción de Dios, y esa unción iba a poner patas arriba la nación de Israel para pasar de un estado de maldad a uno de justicia.

Jehú se subió a su caballo y galopó con furia hasta el palacio para comunicar la noticia, sabiendo que el rey actual no se iba a dejar impresionar tan fácilmente ni iba a entregar tranquilamente su reino. El rey Joram estaba convaleciente por algunas heridas de guerra, y lo visitaba el rey Ocozías, con quien había formado una alianza. Cuando Jehú se acercó, un mensajero salió corriendo del palacio para saludarlo y preguntarle si llegaba en son de paz.

¿Qué tienes tú que ver con la paz?, respondió Jehú. *Ponte detrás de mí* (2 Reyes 9:18). El mensajero lo hizo, obviamente asombrado por la unción que Jehú había recibido de Dios. El tipo dio la vuelta a su caballo, ¡y comenzó a galopar con el ejército del Señor! Lo mismo ocurrió otra vez, con un segundo mensajero. ¡Él también lo siguió!

Finalmente, ambos reyes salieron del palacio en sus carros para encontrarse con Jehú. Jehú disparó al rey Joram entre los brazos y este se cayó de su carro: muerto. Viendo lo que acababa de ocurrir, el rey Ocozías se fue huyendo para salvar su vida. Jehú lo persiguió y también hizo que lo mataran.

Jezabel, que estaba en el palacio, se enteró de lo que había sucedido. Cuando supo que Jehú llegaba por ella para matarla, recurrió a sus tácticas seductoras y manipuladoras. Se arregló, con maquillaje, peinado y joyas. ¿Te la imaginas poniéndose el maquillaje mientras pestañea, susurrando: *Jehú podrá haber matado a esos reyes, pero aún no se las ha visto conmigo...* Cuando Jezabel terminó de eliminar los brillos de su frente, asomó la cabeza por la ventana de su habitación.

Jehú llegó en su caballo, alzó la mirada hacia la ventana y dijo: *¿Quién está conmigo? ¿quién?* (2 Reyes 9:32). Dos o tres eunucos se asomaron. *Echadla abajo*, les ordenó Jehú (v. 33).

Los hombres agarraron a Jezabel y la arrojaron por la ventana. Los huesos se le rompieron y todo quedó salpicado de sangre. Un caballo pasó por encima de su cadáver. Cuando fueron a enterrarla, solo pudieron encontrar la calavera, los pies y las palmas de las manos. Los perros salvajes se habían comido el resto. Este fue el cumplimiento de la unción profética declarada sobre Jehú.

Satanás intenta con todas sus fuerzas convencerte para que abandones, hacer que te relajes en tu compromiso matrimonial y no tengas una preciosa familia, ni una gran oportunidad más adelante en tu vida, ni una vida con propósito. Pero, cuando el enemigo llega como un río, el Espíritu del Señor levantará una bandera contra él (ver Isaías 59:19). Dios está ungiendo a una generación Jehú para que se levante y luche por Él. Tú y yo estamos en esa generación.

Sí, estamos viviendo al borde de la eternidad. ¡Esta es nuestra mejor hora como creyentes! Creo que Dios quiere una Iglesia tan ungida, que comencemos a entender que nuestro propósito de estar aquí es darle la vuelta a todo esto.

Hemos hablado mucho sobre el antiguo espíritu de Jezabel. Ahora quiero mostrarte un ejemplo moderno de cómo ese espíritu aún sigue con nosotros. Madalyn Murray O'Hair, negacionista del Holocausto, fue la fundadora de la organización American Atheists (Ateos Estadounidenses), y fue su presidenta desde 1963 hasta 1986. Uno de sus hijos, Jon Garth, se convirtió en su presidente desde 1986 hasta 1995, aunque seguía siendo Madalyn la que llevaba verdaderamente el control de la organización. Ella también fundó la revista *American Atheist Magazine* (Revista Ateos Estadounidenses).

O'Hair presentó varias demandas que tenían que ver con el tema de la Primera Enmienda de la separación entre Iglesia y Estado. A ella se le conoce mejor por el caso *Murray contra Curtlett*, en la que retó una regulación de un consejo directivo escolar de Baltimore en 1905 que exigía que el día escolar comenzara con la lectura de la Biblia o con el Padrenuestro. El caso, consolidado con un caso similar (*Abington School District contra Schempp*), llegó a la Corte Suprema en 1963. La Corte dictó que tanto la lectura de la Biblia como el Padrenuestro, así como actividades religiosas patrocinadas por la escuela, violaban la Constitución.

O'Hair no se conformó con eliminar la Biblia de la escuela. También quiso eliminar la frase "In God We Trust" (Confiamos en Dios) de la moneda estadounidense e ilegalizar la exención de impuestos para iglesias y el clero. También demandó al Papa. Todas estas demandas fracasaron. En 1964, la revista *LIFE* la llamó "la mujer más odiada de América", una etiqueta que le agradó mucho recibir. Pasó la mayor parte de su vida defendiendo la eliminación de la religión.

SÍ, ESTAMOS VIVIENDO AL BORDE DE LA ETERNIDAD. ¡ESTA ES NUESTRA MEJOR HORA COMO CREYENTES!

Sin embargo, el éxito de su organización comenzó a disminuir cuando ella comenzó a enemistarse con sus miembros. No pasó mucho tiempo hasta que se quedó sin amigos y socializaba solamente con su hijo Jon Garth, y su nieta Robin, trabajando y viviendo exclusivamente con los dos. La salud de O'Hair comenzó a deteriorarse rápidamente. Tenía diabetes, hipertensión y vértigos, y solo podía caminar con la ayuda de un andador o una silla de ruedas.

En 1995 O'Hair, Robin y Jon Garth desaparecieron de repente de Austin, Texas. Se difundió la noticia en la calle de que probablemente se fueron a Nueva Zelanda debido a infortunios económicos y legales. Cinco años después, encontraron a los tres. Las investigaciones revelaron que fueron secuestrados por tres hombres, uno de los cuales había trabajado para la organización American Atheists como gerente de oficina. Los hombres les extorsionaron y consiguieron más de medio millón de dólares de O'Hair antes de matarla, junto a su hijo y su nieta.

La vida y muerte de Madalyn O'Haire se parece a la de la reina Jezabel en el Antiguo Testamento en diversos aspectos. Ambas mujeres fueron polémicas en su nación e impopulares entre los justos. La influencia de ambas mujeres continuó incluso después de su muerte. Sin embargo, la historia no ha terminado. Aunque la Corte Suprema aún no ha anulado el caso que ganó O'Haire, uno de sus hijos sigue peleando la misma batalla que peleó su madre. Pero, a diferencia de ella, él está peleando del lado del Señor. En 1980, el primer hijo de O'Haire, William J. Murray, era un alcohólico en apuros. Una noche tuvo un sueño, el cual terminó con un ángel que llevaba una gran espada, cuya punta tocaba una Biblia abierta. La vida de Murray cambió para siempre después de ese sueño. Se hizo cristiano: la antítesis de todo aquello por lo que su mamá había luchado. En sus propias palabras: "No fue una reacción al ateísmo de mi mamá. Fue una reacción al caos en el que estuve sumido los primeros dieciocho años de mi vida. Que fuera capaz de sobrevivir demuestra que hay un Dios".[4] Ministro y escritor de éxito de ventas, Murray actualmente (en el momento de escribir estas palabras) preside la Religious Freedom Coalition (Coalición para la Libertad Religiosa). Una de sus principales metas es restaurar la oración en las escuelas.

TIEMPO DE VOLAR

Has de saber esto: aunque el legado de Jezabel está activo, es poderoso y pretende destruir, tú no estás destinado a continuar con el legado que ella deja. Quizá te sientes abrumado en este mismo momento, ¡pero Dios te ha creado para vencer! Al margen de cuál sea tu trasfondo o qué adicciones haya en tu genética, el Espíritu de Dios es muy capaz de cumplir sus propósitos en tu vida, y además desea hacerlo. Tú solo tienes que decir sí.

Dios está removiendo tu nido por alguna razón. El estrés, los problemas y las pruebas no son para abrumarte hasta que te rindas, aunque sé que a veces quisieras hacerlo. Piensa en lo que duele como amables empujoncitos que te recuerdan que fijes tus ojos en el cielo y empieces a estirar las alas. Algo más grande está actuando. Lo que duele hoy, un día desaparecerá en un abrir y cerrar de ojos. Y, hasta entonces, Dios quiere que recuerdes que naciste para volar.

Dios está soplando nueva vida en tu destino. No puedo decirte qué te deparará el futuro. No puedo decirte lo que sucederá mañana en el mundo, pero sé que llega un día en el que Jesús regresará, y hasta que llegue ese día, Él tiene un plan para tu vida, un propósito que se está desplegando en este mismo momento.

Paul Rader, un evangelista que ya se fue al cielo, solía decir: "Estamos viviendo tan cerca de la segunda venida de Jesucristo, que puedo oír el tintineo de los cubiertos mientras los ángeles ponen la mesa para la cena de las bodas del Cordero".[5] Esta será una celebración gloriosa en la que todo el que esté en Cristo honrará a Jesús y su justo reinado sobre esta tierra. Será una reunión de los santos, pasados y presentes, para glorificar al Rey de reyes.

Por tanto, también vosotros estad preparados, porque el Hijo del hombre vendrá a la hora que no pensáis (Mateo 24:44).

¿Estás preparado?

UNA INVITACIÓN ESPECIAL

Una vez que hayas decidido que creer en Jesús es el camino hacia la salvación y hagas una oración pidiéndole que te perdone tus pecados, nada podrá separarte de su amor. Si has leído este libro y aún no has tomado la decisión de confiar en Jesús, me gustaría invitarte a que hagas una oración de salvación en este instante:

Amado Dios, estoy orando porque sé que necesito un Salvador. Creo que Jesús es el Hijo de Dios, y que murió por mis pecados y resucitó al tercer día. Te pido que me perdones todos mis pecados, y creo que a través de Jesús soy perdonado. Amén.

Si has hecho esta oración ahora, me encantaría escuchar de ti. Comparte tu historia con nosotros hoy en jentezenfranklin.org

NOTAS

INTRODUCCIÓN

1. Bible Hub, s.v. "5467.chalepos", https://biblehub.com/greek/5467.htm.

2. William Stearns Davis, *Readings in Ancient History: Rome and the West* (Boston: Allyn and Bacon, 1913), 150, consultado en línea en Google Books, https://books.google.com/books?vid=LCCN12017957.

CAPÍTULO 1. MIENTRAS TÚ CAMINAS, DIOS ESTÁ OBRANDO

1. Evan Andrews, "Did a Premature Obituary Inspire the Nobel Prize?", History.com, actualizado 23 de junio de 2020, https://www.history.com/news/did-a-premature-obituary-inspire-the-nobel-prize.

2. *Ibid.*

3. *Ibid.*

CAPÍTULO 3. PASO 1: MIRAR AL INTERIOR

1. The Free Dictionary, s.v. "high-value target", https://www.thefreedictionary.com/high-value+target. Ver también el Dictionary of Military and Associated Terms, s.v. "high-value target", U.S. Department of Defense, 2005.

2. Bible Tools: Greek/Hebrew Definitions, s.v. "shamar" (Strong's H8104), https://www.bibletools.org/index.cfm/fuseaction/Lexicon.show/ID/H8104/shamar.htm.

3. Ancient Hebrew Research Center, s.v. "keep/shamar" (Strong's H8104), https://www.ancient-hebrew.org/definition/keep.htm.

4. Bible Hub, s.v. "4625.skandalon", https://biblehub.com/greek/4625.htm.

5. Bible Hub, s.v. "3783.opheiléma", https://biblehub.com/greek/3783.htm.

6. Bible Tools: Greek/Hebrew Definitions, s.v. "hupomeno" (Strong's G5278), https://www.bibletools.org/index.cfm/fuseaction/Lexicon.show/ID/G5278/hupomeno.htm.

CAPÍTULO 4. PASO 2: MIRARLO A ÉL

1. Tino Wallenda, "The Show Must Go On", Victorious Living, mayo de 2019, https://victoriouslivingmagazine.com/2019/04/the-show-must-go-on/.

2. Dotty Brown, "'Row the Boat': A Philosophy for Living", Boathouse Row, 19 de agosto de 2019, https://boathouserowthebook.com/2019/08/19/row-the-boat-a-philosophy-for-living/.

3. Bible Study Tools, s.v. "peran" (Strong's G4008), https://www.biblestudytools.com/lexicons/greek/nas/peran.html.

CAPÍTULO 5. PASO 3: MIRAR HACIA ADELANTE

1. Shaun Jex, "Remembering Joe Fowler", Celebrations (blog), 26 de febrero de 2018, https://celebrationspress.com/2018/02/26/remembering-admiral-joe-fowler/.

2. Wolfgang Saxon, "Joseph Fowler, 99, Builder of Warships and Disney's Parks", New York Times, 14 de diciembre de 1993, http://query.nytimes.com/gst/fullpage.html?

3. Para más información sobre Joe Fowler, ver Walt Disney Archives online, "Disney Legends: Joe Fowler", https://d23.com/walt-disney-legend/joe-fowler/.

4. Bible Hub, s.v. "7648.soba", https://biblehub.com/hebrew/7648.htm.

5. Jentezen Franklin, *Believe That You Can* (Lake Mary, Fla.: Charisma House, 2008), Kindle edition, capítulo 2.

6. Dictionary.com, s.v. "conquer". https://www.dictionary.com/browse/conquer.

7. Para más información sobre la historia de Douglas Mackiernan, visita: https://www.washingtonpost.com/wp-srv/national/longterm/ciamag/cia2.htm, y https://www.cia.gov/legacy/honoring-heroes/heroes/douglas-s-mackiernan/.

CAPÍTULO 6. PASO 4: MIRAR HACIA AFUERA

1. Leah MarieAnn Klett, "Entire Bible translated into 700 languages; 5.7 billion people now have access to Scripture", Christian Post, 6 de octubre de 2020, https://www.christianpost.com/news/entire-bible-translatedinto-700-languages.html.

2. Elbert Hubbard, *A Message to Garcia* (Mumbai, Maharashtra: Sanage Publishing, 2020), Kindle edition, página 8.

CAPÍTULO 7. PASO 5: MIRAR HACIA ARRIBA

1. Jonathan Snowden, "Muhammad Ali's Greatest Fight: George Foreman and the Rumble in the Jungle", Bleacher Report, 4 de junio de 2016, https://bleacherreport.com/articles/1919959-muhammad-alis-greatest-fight-george-foreman-and-the-rumble-in-the-jungle.

2. Danielle De Wolfe, "George Foreman on why Muhammad Ali was so much more than a 'boxer'", ShortList, 4 de junio de 2016, https://www.shortlist.com/news/george-foreman-on-ali.

3. Casey Chan, "You Will Spend 43 Days on Hold in Your Life", Gizmodo, 25 de enero de 2013, https://gizmodo.com/you-will-spend-43-days-on-hold-in-your-life-5979168.

4. AJ Willingham, "Commuters waste an average of 54 hours a year stalled in traffic, study says", CNN, actualizado 22 de agosto de 2019, https://www.cnn.com/2019/08/22/us/traffic-commute-gridlock-transportation-study-trnd/index.html.

5. John Tesh, "The average person will spend 10 years standing in line over their lifetime!", Intelligence for Your Life, https://www.tesh.com/articles/the-average-person-will-spend-10-years-standing-in-line-over-their-lifetime/.

6. "Brits Spend 6.7 Years of Their Lives Just Waiting Around", Direct Line Group, 16 de agosto de 2019, https://www.directlinegroup.co.uk/en/news/brand-news/2019/17082019.html.

CAPÍTULO 8. LO ABRUMADOR

1. "One in 100 deaths is by suicide", World Health Organization, 17 de junio de 2021, https://www.who.int/news/item/17-06-2021-one-in-100-deaths-is-by-suicide.

2. *Ibid.*

3. "Mental Health by the Numbers", National Alliance on Mental Illness (NAMI), última actualización marzo de 2021, https://www.nami.org/mhstats. Ver también "Anxiety Disorders", NAMI, última actualización diciembre de 2017, https://www.nami.org/About-Mental-Illness/Mental-Health-Conditions/Anxiety-Disorders.

4. "Forced labour, modern slavery and human trafficking", International Labour Organization (ILO), https://www.ilo.org/global/topics/forced-labour/lang--en/index.htm.

CAPÍTULO 9. ENFRENTA EL TEMOR CON LA FE

1. Bible Hub, s.v. "2350.thorubeo", https://biblehub.com/greek/2350.htm.

2. Natalie O'Neill, "Most searched phobia of 2020 is fear of other people, researchers say", Fox News, 19 de octubre de 2020, https://www.foxnews.com/lifestyle/phobia-2020-fear-other-people-google.

3. Para más información sobre esto, ver Max Roser, Esteban Ortiz-Ospina y Hannah Ritchie, "Life Expectancy", Our World in Data, última actualización octubre de 2019, https://ourworldindata.org/life-expectancy#life-expectancy-has-improved-globally.

CAPÍTULO 10. DESMANTELA EL DESÁNIMO

1. "It's a Wonderful Life Beginning with Prayers and Angels Talking", YouTube, https://www.youtube.com/watch?v=79pIurpNARs.

2. Rhema Team, "The God Who Is More Than Enough", Rhema.org, 8 de junio de 2020, https://events.rhema.org/the-god-who-is-more-than-enough/.

CAPÍTULO 11. QUÍTATE DE ENCIMA LA DEPRESIÓN

1. Daniel G. Amen, M.D., "Do You Have an ANT Infestation in Your Head?", Amen Clinics, 16 de septiembre de 2020, https://www.amenclinics.com/blog/do-you-have-an-ant-infestation-in-your-head/

CAPÍTULO 12. BATALLA CONTRA LA CARNE

1. "Pornography Statistics", CovenantEyes, https://www.covenanteyes.com/pornstats/.

2. "Things Are Looking Up in American's Porn Industry", NBC News, 20 de enero de 2015, https://www.nbcnews.com/business/business-news/things-are-looking-americas-porn-industry-n289431.

3. Paul J. Wright, Robert S. Tokunaga, and Ashley Kraus, "A Meta-Analysis of Pornography Consumption and Actual Acts of Sexual Aggression in General Population Studies", Journal of Communication 66, no. 1 (febrero de 2016): 183–205.

4. Barna Group, "Porn in the Digital Age: New Research Reveals 10 Trends", 6 de abril de 2016, https://www.barna.com/research/porn-in-the-digital-age-new-research-reveals-10-trends/.

5. "Pornography Statistics", CovenantEyes, https://www.covenanteyes.com/pornstats/.

6. *Ibid*.

7. Jane E. Brody, "Personal Health: When a Partner Cheats", New York Times, 22 de enero de 2018, https://www.nytimes.com/2018/01/22/well/marriage-cheating-infidelity.html.

8. "Half of U.S. Christians say casual sex between consenting adults is sometimes or always acceptable", Pew Research Center, Washington, D.C. (31 de agosto de 2020), https://www.pewresearch.org/fact-tank/2020/08/31/half-of-u-s-christians-say-casual-sex-between-consenting-adults-is-sometimes-or-always-acceptable/.

9. Dictionary.com, s.v. "incur", https://www.dictionary.com/browse/incur.

CAPÍTULO 13. VIVIR AL BORDE DE LA ETERNIDAD

1. Para más sobre los Juegos Olímpicos Antiguos, ver "Welcome to the Ancient Olympic Games", International Olympic Committee, https://olympics.com/ioc/ancient-olympic-games.

2. Kyle Symes, "Olympic Gold Medalist Howard Davis Jr.: A Champion Inside and Outside the Ring", Bleacher Report, 6 de marzo de 2012, https://bleache-rreport.com/articles/1092130-olympic-gold-medalist-howard-davis-jr-a-champion-in-and-out-of-the-ring.

3. Bible Study Tools, s.v. "bema", https://www.biblestudytools.com/lexicons/greek/nas/bema.html.

4. Michelle Bearden, "Confessions of an Unbeliever", Tampa Bay Times, 16 de octubre de 2005, https://www.tampabay.com/archive/1990/04/22/confessions-of-an-unbeliever/.

5. Adrian Rogers y Steve Rogers, *Apocalipsis, el fin de los tiempos. El triunfo del Cordero de Dios* (Nashville: B&H Publishing Group, 2007), 220.

ACERCA DEL AUTOR

Jentezen Franklin es el pastor principal de Free Chapel, una iglesia con múltiples campus y con un alcance global. Sus mensajes influencian a generaciones mediante la tecnología moderna y medios digitales, su emisión en televisión, *Kingdom Connection*, y campañas de alcance que ponen en acción el amor y la compasión de Dios. Jentezen es también autor de éxitos de ventas del *New York Times*, y habla en conferencias en todo el mundo. Él y su esposa Cherise viven en Gainesville, Georgia; tienen cinco hijos y cuatro nietos. Descubre más en JentezenFranklin.org.